COSE CONMIGO

Almudena Castellanos

COSE CONMIGO

12 labores con calma y desde el corazón

Primera edición: junio, 2023
Primera reimpresión: julio, 2023

Editorial Arcopress • Colección Estilo de vida
Edición: Pilar Pimentel
Diseño y maquetación interiores: Fernando de Miguel
Diseño de cubierta: Sandra de Dios

www.editorialalmuzara.com
pedidos@almuzaralibros.com - *info@almuzaralibros.com*

Editorial Almuzara
Parque Logístico de Córdoba. Ctra. Palma del Río, km 4
C/8, Nave L2, nº 3. 14005 - Córdoba

Imprime: Gráficas La Paz
ISBN: 978-84-11317-33-7
Depósito Legal: CO-1028-2023
Hecho e impreso en España - Made and printed in Spain

A mi abuelo Antonio, quien me enseñó la magia
que albergan las manos y animó a mi creatividad a volar.
Mi aguja siempre enhebrará el hilo de tu recuerdo.

Índice

Introducción

— ¡Almudena! ¡Ponte el dedal!
— No entiendo por qué, si me molesta mucho.
— Costurera sin dedal cose poco y cose mal.
— Pero yo quiero coser a máquina.
— Ya lo harás cuando aprendas a coser a mano.
— No es justo.
— Ponte el dedal.

¡La de veces que esta misma conversación se pudo repetir entre mi madre y yo! Tenía tantas ganas de coser que todo se hacía muy lento y no entendía por qué era necesario empezar por lo básico, por «el principio». Quién me iba a decir a mí que, con los años, el dedal sería el complemento imprescindible de mis dedos y que seguiría usando el mismo con el que aprendí a coser.

Recuerdo con emoción el primer día en el que, por fin, me puse al frente de la máquina de coser de mi madre, una Alfa negra que ahora adorna mi cuarto de costura. Una máquina a la que habían quitado los pedales para sustituirlos por un motor eléctrico, como les sucedió a muchas de las de su época, a las que la modernidad y la falta de espacio mutilaron quitándoles parte de su esencia y encanto.

No recuerdo qué fue lo primero que cosí, quizás fueron simplemente costuras rectas para aprender a usarla, pero sí su sonido y su olor, ese olor a máquina antigua, a aceite, a hilo… y, por encima de esto, recuerdo la emoción y la ilusión de poder crear algo de la nada, solo con mis manos y mi imaginación.

Durante toda mi vida la costura ha estado presente, y aunque es cierto que durante muchos años los derroteros profesionales me llevaron por un camino completamente distinto, siempre he mantenido mi afición por las labores y por crear cosas con mis manos. Coser, hacer punto de cruz, bordar, hacer ganchillo y punto con dos agujas ha sido mi distracción durante muchas horas mientras veía, bueno más bien oía, la televisión por la noche e intentaba relajarme tras la jornada laboral.

Con los años fui aprendiendo y mejorando la técnica con la que realizaba muchos de mis proyectos, primero de la mano de mi madre, y luego aprendiendo de manera autodidacta, cosiendo y descosiendo casi por igual, hasta que entendía cómo se hacían las cosas, hasta que el resultado fuera perfecto.

Tras la pandemia y un cambio profesional y personal importante, decidí dar un gran salto al vacío e intentar transmitir todo lo que había aprendido y experimentado a otras personas. Me di cuenta del gran vacío que había en el mundo de la costura creativa, pues no encontraba tutoriales que cumplieran los dos requisitos que para mí eran casi imprescindibles: proyectos especialmente bonitos, cuidados, llenos de detalles, con telas escogidas con mimo y que, a la vez, se encontraran explicados de verdad, paso a paso, sin saltarse ningún detalle, evitando así tener que experimentar o adivinar cómo se había elaborado alguno de los pasos necesarios en su confección.

Cuando apareció mi primer tutorial, que, por supuesto, está incluido en este libro ya que le tengo un cariño especial, jamás imaginé el recibimiento que tendría. Los cientos de mensajes sirvieron para animarme a continuar, a seguir trabajando, a seguir explicando cómo hago las cosas, nada más, pues ese ha sido siempre mi objetivo, contar cómo en tu casa puedes recrear los mismos trabajos que realizo, y que tu resultado sea el mismo que el mío.

Pero lo que de verdad resultó inimaginable por encima de esto fue el cariño que recibí cuando tuve que dejar el canal por un tiempo por problemas graves de salud; vuestros miles de mensajes de ánimo y apoyo fueron mi sustento durante semanas muy duras, y es por ello que hoy os quiero dar las gracias.

Personas anónimas para mí y que, sin embargo, y en la distancia, se preocupaban sinceramente por mi situación, se molestaban en escribir largos mensajes contándome sus historias personales con el fin de animarme y de darme esperanzas con el ejemplo de sus propias vidas.

Dicen que las redes sociales hacen mucho mal, que sacan lo peor de las personas, pero creo que no es así, que utilizadas correctamente nos conectan con almas gemelas que podemos tener a miles de kilómetros, personas que comparten nuestras mismas aficiones y, en ocasiones, nuestros mismos sufrimientos.

Solo puedo estar agradecida a todo lo que me ha deparado la vida, a mi madre por poner una aguja en mis manos cuando era pequeña y por inculcarme el gusto por el buen hacer; a mi querido Ignacio, un hermano de distintos padres, por animarme incondicionalmente a comenzar este proyecto; a mis hijos que, a pesar de su sorpresa inicial e incredulidad, confiaron en mí cuando comencé en un mundo de jóvenes y me dieron valiosos consejos y opiniones; y, muy especialmente, a mi otra mitad en la vida, a Pedro, mi marido, por todo.

Jamás pude pensar que lo que ha sido mi pasión e ilusión se pudiera convertir un día en una realidad como la que hoy tienes en tus manos. Sin embargo, igual que los japoneses hablan de un hilo rojo que une a las personas, creo que en la costura debe de haber también un hilo, no sé de qué color, que también nos une con este arte y que, una vez que has comenzado a coser, hace difícil el dejarlo.

Bienvenida a mis recuerdos…

LOS MATERIALES

Antes de empezar a coser es importante que compruebes que tienes todos los materiales que puedas necesitar, porque en muchas ocasiones la diferencia en la calidad del resultado y en el tiempo empleado en hacer un proyecto se encuentra precisamente en el paso previo, en nuestro costurero.

Aunque en el mundo del *patchwork* y de la costura creativa existen infinidad de materiales que nos pueden ayudar mucho, bien porque tardamos menos, porque lo hacen más sencillo o porque favorecen un resultado mucho mejor, es importante, antes de comprar muchas de estas cosas, pensar si las vamos a utilizar habitualmente o si son solo para un trabajo puntual y podemos buscar una alternativa. Piensa que la costura no es algo que se haya inventado ahora, y que simplemente con hilo, aguja y tijeras se han realizado en el pasado auténticas maravillas en el mundo de la costura.

Repasemos los materiales que vas a encontrar en mi cuarto de costura… ¡Empezamos!

COSTURERO BÁSICO

■ **1.** Siempre es importante contar con unas buenas **tijeras**, de esas que cortan desde el principio hasta la punta, lo cual muchas veces no es fácil. Pero como todo, las tijeras son un mundo y las hay para casi todo. ¿Cuáles tengo yo?

Tijeras de modista o de costura: suelen medir en torno a 20 cm y son las básicas en un costurero, pues nos van a servir para casi todo, por eso te recomiendo que sean de calidad y que corten perfectamente.

Tijeras de bordado o pequeñas: son bastante pequeñas, de unos 10cm, y su hoja nos permite dar cortes muy precisos, especialmente en la punta. Las vamos a usar mucho en algunos trabajos donde la exactitud y el cuidado del corte son imprescindibles.

Corta hilos: es una mezcla de tijera y alicate muy cómodo para cortar los hilos cuando cosemos a máquina, su forma especial hace que su uso sea muy agradable. No es imprescindible, pero al ser una herramienta realmente económica, merece la pena que la incorporemos a nuestro costurero.

Tijeras en zigzag: su corte resulta muy decorativo para algunos trabajos y también resultan de utilidad en aquellos en los que vamos a trabajar con formas curvas. Aun así, no son imprescindibles.

■ **2. Base de corte:** sin duda resulta la herramienta que más vais a rentabilizar en vuestros trabajos, pues nos garantiza un corte exacto de las distintas piezas. Podemos sustituirlo cortando con tijeras y midiendo con una cinta métrica, pero el resultado va a ser mucho peor. En cuanto a las bases de corte os recomendaría una que por un lado tenga las medidas en centímetros y, por el otro, en pulgadas, ya que, según las técnicas o los proyectos que se vayan a realizar, la información y medidas pueden estar en una u otra escala.

En el mercado vais a encontrar bases de corte de muchísimos tamaños, desde A4 (21 cm x 30 cm) hasta A1 (60 cm x 84 cm); yo os recomendaría que comprarais al menos un tamaño A2 (42 cm x 60 cm), pues os va a servir tanto para lo más pequeño como para trabajos más grandes.

■ **3. *Cutter* rotatorio:** es la herramienta complementaria imprescindible a la base de corte. El más habitual tiene una hoja circular de un diámetro de 45 mm. Siempre es necesario contar con hojas de corte de repuesto porque se suelen mellar con cierta facilidad.

■ **4. Reglas de *patchwork*:** la tercera pieza necesaria para cortar junto a la base de corte y el *cutter*. Se trata de reglas especiales que cuentan con un grosor mayor al habitual y cuyo borde es completamente recto, lo que permite alinear el filo de la cuchilla con la regla asegurando así que el corte sea exacto.

■ **5. Agujas:** aparte de disponer de las agujas de costura habituales, podemos encontrar en el mercado algunas especiales que nos pueden ayudar a realizar el trabajo con más facilidad y mejor resultado, pero como siempre pienso, con las «normales» también podemos hacerlo. Entre ellas hay dos que casi seguro incorporaría a mi costurero:

Agujas de aplicación: tienen un largo medio, son finas y flexibles, nos permiten dar puntadas en las que tomemos muy pocas hebras del tejido y así conseguir que el hilo pase desapercibido.

Agujas de *quilting*: son finas y particularmente cortas. Se utilizan para acolchar a mano y permiten dar puntadas pequeñitas y con un tamaño similar, ya que al ser cortas es más fácil controlar la puntada.

■ **6. Alfileres:** os recomendaría disponer en el costurero de al menos una docena de alfileres especiales de *patchwork*, mucho más largos que los habituales (unos 5 cm), muy finos y con la cabeza completamente plana. Permiten que, cuando unimos piezas, la costura a máquina sea mucho más cómoda y exacta.

■ **7. Pinzas o clips:** sin duda mi IMPRESCINDIBLE, con mayúsculas, pues cuando hacemos cualquier trabajo en el que unimos piezas acolchadas, podemos sujetar sus bordes con una facilidad asombrosa, permitiendo alinear las piezas con mucha comodidad.

■ **8. Pegamento temporal en *spray*:** si bien lo podemos sustituir en muchos casos por alfileres o por hilvanar las piezas, sin duda representa un ahorro de tiempo importantísimo en trabajos de costura creativa, siendo muy necesario cuando preparamos los *quilts* para acolchar.

■ **9. Rotuladores o marcadores** que se puedan borrar, bien con agua o bien con calor. Los puedes encontrar incluso que se borran solos con el paso del tiempo. Resultan, en sus distintas versiones, imprescindibles para transferir los patrones a la tela y asegurarnos un perfecto acabado del trabajo.

■ **10. Dedal:** ¡no se me olvida!

LAS ENTRETELAS

Con este nombre hacemos referencia a los tejidos que se emplean, como su nombre indica, entre distintas capas de tela, con la finalidad de darle «cuerpo». En el mercado podemos encontrar una infinidad de materiales que cumplen con esta función, la clave es saber elegir cuál necesitamos en función del resultado que buscamos. Veamos los que yo suelo utilizar:

■ **1. Estabilizador**: es una goma espuma finita de unos 4 o 5 mm de grosor forrada por ambas caras con un tejido similar al punto. Se utiliza para trabajos que queremos que queden con una forma muy definida y que no se deformen con facilidad. Bolsos y neceseres suelen ser los candidatos perfectos para este tipo de recurso. Por otra parte, es un material que no aporta peso al trabajo una vez terminado.

■ **2. *Foam*:** quizás mi favorito por mezclar características de otros materiales y en especial por su precio, realmente económico, en comparación con otros tejidos. Se trata de una goma espuma muy finita de unos 2 o 3 mm forrada por una de sus caras por un rasete. Normalmente se utiliza para hacer disfraces, por eso podéis encontrar el *foam* en una gran variedad de colores. Yo lo suelo comprar en color blanco. Hay que tener cuidado si lo vas a planchar porque al ser una goma espuma el exceso de calor podría afectar a sus características. Puedes usarlo en bolsos, neceseres y fundas de todo tipo…

■ **3. Guata:** sin duda el material más clásico dentro del *patchwork*. Existen diferentes tipos, de nuevo su uso dependerá de lo que estés buscando en el resultado:

a) De algodón: para mí imprescindible; es la que se utiliza para las colchas y la que siempre puedes usar en bolsos y neceseres, pues les va a dar cuerpo (especialmente si se acolcha) pero sin la rigidez de los materiales anteriores.

b) Sintética: se trata de un material especialmente voluminoso que resulta muchas veces complicado de coser. No me gusta especialmente ya que pierde volumen con facilidad, sobre todo si vas a lavar la labor que estés realizando.

c) Termoadhesiva: en cualquiera de las versiones anteriores, lleva en una de sus caras un pegamento que, al aplicarle calor, hace que la guata quede pegada al tejido principal.

■ **4. Entretela de doble cara:** es un material perfecto para realizar aplicaciones (conocidas como «apliques») que vayamos a rematar, bien con un festón, bien con una costura recta, ya que nos facilita mucho el trabajo al adherir de una manera cómoda y exacta las distintas piezas de tela. Se trata de un «papel» que por uno de sus lados

▶ ENTRETELAS

Descubre todos los detalles sobre estos materiales

https://youtu.be/wPDNVbicnAQ

lleva un pegamento que, al entrar en calor con la plancha, se derrite y se pega a la tela. Una vez pegado recortamos el contorno de la pieza que queremos aplicar, retiramos el papel, de manera que el pegamento quede transferido a la tela, y a continuación lo podemos pegar en su posición final en el trabajo que estamos realizando.

■ **5. Entretela para aplicaciones a puntada escondida**, si bien no resulta imprescindible para realizar esta técnica, sí va a facilitarnos muchísimo el trabajo. Nos permite voltear los bordes de la tela que queremos aplicar hacia el interior de esta entretela y fijarlo con pegamento.

TELAS DE ALGODÓN E HILOS

Sin duda, la base del éxito de cualquier trabajo es partir de unas buenas telas; piensa que vamos a dedicar muchas horas a coser, por lo que hacerlo con un tejido que no sea de calidad es una pena: el resultado no va a ser el mismo, pero el trabajo realizado sí.

Te recomendaría que trabajaras siempre con telas de algodón 100 %; su textura y propiedades son perfectas para obtener un buen resultado. Yo las tengo guardadas por tonalidades y conservo cualquier trozo por pequeño que sea, ya que hay muchas técnicas para reciclar esos pequeños retazos creando proyectos únicos y especiales.

También es importante disponer de hilos de calidad al tono de las telas que vayas a emplear. Es conveniente no escatimar en este material, pues las costuras os van a quedar mejor y la máquina de coser va a sufrir menos.

Dentro de esta categoría os hago una mención especial al hilo para hacer aplicaciones a puntada escondida: un hilo de poliéster muy fino que

resulta casi invisible cuando lo cosemos. Lo podéis encontrar en casi todos los colores, aunque yo solo lo tengo en un tono tostado clarito o beige y me resulta suficiente para todos mis trabajos.

LOS DETALLES

Si elegir telas es la parte principal de cualquier trabajo, los detalles que les podamos añadir permiten darle ese toque especial y único a cada una de ellas.

Los botones pueden cumplir una función dentro de un trabajo, pero también podemos usarlos con fines exclusivamente decorativos; en distintos tamaños y formas pueden ayudar a marcar esa diferencia que estamos buscando en nuestro proyecto.

Lo mismo sucede con las cintas, los encajes, las pasamanerías y las puntillas, pues pueden transformar cualquier idea en algo único.

En muchísimos trabajos vamos a utilizar cremalleras. Puedes usar las básicas y luego personalizarlas con distintos detalles, cosiendo en sus bordes cintas de bies o encajes, o bien emplear las conocidas como «japonesas» y que tienen sus bordes recortados asimilándose a encajes. Todo va a depender de cómo quieras que quede tu trabajo una vez terminado.

MÁQUINA DE COSER

En el mercado y en las casas podemos encontrar diferentes máquinas de coser, y todas ellas son perfectas para los trabajos que podemos realizar, desde las antiguas Singer con su pedal y su costura recta, las mecánicas, que ofrecen un amplio abanico de puntadas, y las máquinas electrónicas, las más modernas, que tienen infinidad de puntadas y de opciones.

Aunque en general con una máquina que haga solo costura recta puede ser suficiente para la inmensa mayoría de los trabajos que vamos a realizar, hay algunas puntadas como el zigzag o la puntada de festón que son «extras» muy útiles a tener en consideración a la hora de elegir una máquina de coser.

■ **1. Prensatelas:** es importante disponer de diferentes prensatelas, pues nos facilitan muchísimo el trabajo que vamos a realizar. Entre mis imprescindibles resaltaría los siguientes:

— prensatelas con margen de 1 cm
— prensatelas con margen de ¼ de pulgada
— prensatelas para colocar cremalleras
— accesorio o prensatelas para realizar costuras paralelas
— prensatelas abierto o transparente.

■ **2. Agujas de la máquina de coser:** es importante disponer de un surtido de las mismas con distintos grosores para así elegir la más adecuada en función del tejido y/o el número de capas que vayas a coser. Las agujas se encuentran numeradas entre el 60 y el 120, a menor número más fino debe ser el tejido que vayas a coser. Habitualmente vas a usar agujas entre el 70 y el 90.

SINGER

TÉCNICAS DE COSTURA

La costura creativa es un compendio de técnicas de costura tanto a máquina como a mano que nos permiten crear labores únicas y especiales. Además, muchas de estas técnicas del mundo del *patchwork* fueron pensadas para aprovechar los trocitos más pequeños que quedaban de trabajos más grandes. No olvidemos que el *patchwork*, o almazuelas en España, surgió por la necesidad de reciclar las telas, de aprovechar sus restos dado lo difícil o caro que podía ser adquirir tejidos.

Con los años han ido apareciendo e inventándose nuevas formas de hacer los diseños tradicionales, gracias en muchos casos al desarrollo de la industria, que ha desarrollado productos y materiales ideados con la finalidad de que la realización de muchos de estos trabajos sea más rápida y con mejores resultados.

TÉCNICAS BÁSICAS

Son técnicas que no son específicas del mundo del *patchwork* y la costura creativa; debes conocerlas bien y practicarlas para tener un resultado perfecto en tus trabajos, pues en prácticamente todos ellos las vas a utilizar.

Costura a máquina: siempre que vayas a realizar esta costura asegúrate de que la tensión del hilo es la correcta, y emplea un largo de puntada entre 2,5 y 3 mm de largo. Cambia la aguja de tu máquina con cierta regularidad, para que no dañe el tejido cuando lo cosa.

TRUCO: Si vas coser dos piezas de tela que estén sujetas por alfileres, colócalos siempre de manera perpendicular al sentido de la costura, así evitas que se deforme el tejido y podrás coser con más facilidad.

Costura a mano: en muchas ocasiones, por el tamaño de las piezas o por comodidad, vamos a coser a mano; para ello desplaza tu aguja arriba y abajo de las telas que quieras unir dando pequeñas puntadas. De vez en cuando tendrás que dar una puntada hacia atrás para ir asegurando la costura. Este tipo de técnica es muy útil sobre todo cuando cosemos piezas curvas y no se domina demasiado la máquina de coser.

Puntada escondida: quizás, con diferencia, es la puntada a mano que más veces vas a utilizar, ya que se emplea en muchas técnicas y con muchos materiales. Para colocar correctamente una cinta de bies, para cerrar una abertura que se ha dejado para dar la vuelta en un trabajo, para coser aplicaciones... Sus usos son infinitos. Se realiza siempre de la misma forma, se avanza por el revés de la tela más alejada de nosotros, y se sale hacia la tela más próxima, tomando solo unos hilos de su borde. Justo a la misma altura se vuelve a introducir la aguja y se repite el proceso.

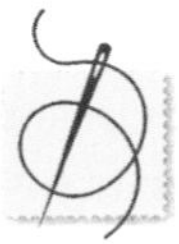

TRUCO: Para una realización perfecta, usa agujas muy finas e hilo al tono de las telas.

Repulgo: es el otro tipo de puntada más utilizada en la costura creativa y en el *patchwork*, pues permite unir piezas con puntadas que prácticamente no se van a ver. Su ejecución siempre es la misma: la aguja la vamos a introducir de atrás hacia adelante perpendicular, tomando unos hilos del borde de las telas. Este tipo de costura se emplea en técnicas de *patchwork* inglés, como el jardín de la abuela para unir los distintos hexágonos entre sí, pero también se puede usar para unir distintas piezas y formar, por ejemplo, un bolso.

Hilván: es una costura temporal que se hace con puntadas muy largas y que utilizaremos para fijar cremalleras, en el *patchwork* inglés cuando forramos las cartulinas, para sujetar un encaje o cinta decorativa antes de coserla... Se trata de un sustituto a los alfileres que da una mayor sujeción a las piezas entre sí.

Cinta de biés: sin duda el gran complemento para muchos de los trabajos, pero muchas veces el más odiado, pues una correcta colocación y uso no siempre son fáciles. Existen muchas formas para coserlo, pero no todas quedan con la misma buena terminación. La forma correcta de colocarlo combina la costura a máquina y la costura a mano. Tienes que alinear el borde de la cinta con el borde de la tela que quieras recubrir por el lado del derecho o más visible del trabajo, y asegurarlo con alfileres (perpendiculares al sentido de la cinta) o bien con pinzas. Después, cose a máquina justo por el doblez de la cinta y, una vez lo hayas hecho, dobla la cinta y cose a mano (a puntada escondida) por el otro lado de la cinta.

TÉCNICAS DE *PATCHWORK*

Lo cierto es que las distintas técnicas de *patchwork* dan para escribir un libro; hay tantos diseños que sería muy osado intentar revisar todas las posibilidades que existen. Sin embargo, lo que sí es cierto es que todos estos diseños y técnicas se realizan empleando una serie de métodos que sí podemos resumir:

Pieceo: seguramente, si ya tienes conocimiento del mundo del *patchwork* o has tomado alguna clase, este método es el primero que te hayan enseñado, aunque, entre nosotras, yo nunca lo uso porque hay formas mucho más rápidas para realizar este tipo de trabajo.

Si no es tu caso, te cuento en qué consiste. Como su nombre indica se trata de partir en piezas el diseño que queremos realizar, por ejemplo, una estrella. Dibujarías las piezas que necesitas con su tamaño final. Al dibujo de todas estas piezas le añades alrededor el «margen» —habitualmente un cuarto de pulgada—, es decir, el sobrante de tela que tendrá la costura una vez realizada.

Posteriormente, estas piezas ya dibujadas con su correspondiente margen son traspasadas a un acetato (plástico rígido) que te servirá de plantilla o molde. Estos moldes se pasarán a la tela, y se cortará justo por la línea que se ha trazado.

Si vas a unir las piezas a máquina solo tienes que usar un prensatelas que tenga el mismo ancho que has dejado de margen, y así, alineando el borde de la tela con el borde del prensatelas, todas las costuras quedarán del mismo tamaño.

Si, por el contrario, vas a unir las piezas a mano, deberás dibujar adicionalmente en la tela la pieza del molde del tamaño final —no solo la pieza que incluye el margen de costura—, y tendrás que coser justo por esa marca.

A mí, sinceramente, me parece demasiado trabajo «previo» a la costura, cuando podemos hacer lo mismo con otras técnicas.

Paper foundation: lo que podríamos traducir como «base de papel», porque efectivamente de eso se trata: imprimiremos el patrón e iremos cosiendo directamente las piezas. Podemos coser directamente sobre papel o sobre una entretela. Si lo haces sobre papel (es muy cómodo porque se imprime directamente), una vez que hayas terminado deberás retirarlo; si lo haces sobre entretela, esta se quedará fija y formará parte de tu proyecto.

Esta técnica suele usarse para realizar *log cabin* (cabaña de troncos), pero yo la utilizo casi para todos los bloques de *patchwork*, pues me garantiza una gran exactitud en los trabajos y me ahorra mucho tiempo.

Las distintas piezas de tela se colocan sobre la parte no impresa, derecho con derecho, para que así cosamos justo por encima de la marca que nos da el patrón. La pieza de tela debe ser siempre más grande que el dibujo del patrón porque debe incluir un margen de costura.

Con esta técnica solo hay que tener en cuenta dos cosas, que el diseño, si no es simétrico, nos va a quedar como si estuviera reflejado en un espejo, y que, a veces, según el diseño, resulta necesario partir en grupos de piezas para luego unirlas entre sí.

TRUCO: si vas a emplear papel, utiliza uno que sea fino. Un gramaje de 60 g/m² resulta perfecto; más grueso puede dificultar luego el retirarlo.

Aplicaciones a puntada escondida: sin duda, las reinas del *patchwork*, en especial del japonés, con esas muñecas tan simpáticas. Esta técnica permite que realicemos dibujos sobre otras telas, pero dando la sensación de estampado porque las puntadas no deben (si está correctamente realizado) apreciarse.

Existen distintas formas de realizar esta técnica, pero para mí la más rápida y sencilla es la que se lleva a cabo utilizando los palitos metálicos, la entretela de aplicación y el pegamento textil en barra.

Recortaremos todas las piezas que queremos aplicar sobre la entretela (teniendo en cuenta que el aspecto final será invertido, como en un espejo). Las pegaremos sobre el revés de la tela que queremos aplicar y recortamos dejando un pequeño margen, aproximadamente de 0,5 cm. Si hay esquinas, se debe ajustar el exceso de tela, y si hay formas convexas o ángulos, será necesario dar unos piquetes (pequeños cortes sin llegar a tocar el borde de la entretela) para facilitar el paso siguiente.

A continuación, y con ayuda de los palitos metálicos y el pegamento, iremos pegando el borde de la tela sobre la forma que marca la entretela; así tendremos las distintas piezas listas para aplicar. Colócalas en la tela principal en su posición, sujétalas bien con el mismo pegamento o con alfileres y comienza a coserlas a puntada escondida.

TRUCO: fíjate siempre en el dibujo y en el orden que se deben colocar las piezas, pues unas irán apoyadas sobre otras. En las piezas que lleven otras encima no debes voltear ese lado hacia la entretela; ese lado debe quedar debajo de la pieza superior, de forma que evitemos tener que dar dos costuras a puntada escondida juntas.

Aplicaciones a festón: es quizás una de mis técnicas favoritas, pues el resultado es precioso y, además, si tu máquina te lo permite, lo puedes realizar con ella, con el ahorro de tiempo que supone.

En esta técnica, a diferencia de la anterior, no solo se ven las puntadas, sino que son parte de lo bonito del trabajo, pues resultan decorativas.

Para realizar estas aplicaciones debes cortar las distintas piezas de tela que quieras aplicar, sujetarlas sobre la tela principal (con pegamento o con alfileres) y coser el contorno, bien a máquina, o bien a mano, con puntada festón.

Has de tener en cuenta el orden en el que las piezas deben colocarse, dejando un exceso de tela en aquellas que vayan debajo de otras, para evitar que los bordes de dos piezas coincidan.

TRUCO: puedes usar una fliselina adhesiva por ambas caras para realizar esta técnica. Calca el dibujo sobre el lado de papel de esta fliselina (ten siempre en cuenta el llamado efecto espejo ya que el efecto final es invertido a como vas a calcar), recorta las piezas, pégalas con la ayuda de la plancha sobre las telas a aplicar, recorta de nuevo al borde, retira el papel y pega la pieza en su posición final. Este material nos ayuda mucho ya que las piezas se cortan siempre exactas y, además, al pegarlas completamente sobre la tela principal, hace mucho más sencilla la posterior costura de festón.

***Patchwork* inglés:** se trata de una de las técnicas clásicas para unir entre sí piezas geométricas que se van a repetir, por ejemplo, en un *quilt*. Uno de los diseños más conocidos que se realiza con esta técnica es el «jardín de la abuela», que se basa en unir entre sí hexágonos del mismo tamaño, logrando resultados alegres y coloristas. Pero, además, con esta misma técnica se pueden realizar otros muchos trabajos uniendo distintas formas geométricas a fin de configurar llamativas estrellas o incluso alguna versión del conocido «plato de Dresden».

Para realizarla cortaremos cartulinas de la forma geométrica deseada y tomaremos piezas de tela que tengan un tamaño ligeramente superior a la de la pieza de cartulina. Ajustaremos aproximadamente el contorno de la pieza de tela, dejando un margen de algo menos de 1 cm alrededor, y pasaremos un hilván a la pieza doblando los bordes de la tela apoyándonos en la cartulina, de manera que adopte su forma. Posteriormente, uniremos las piezas entre sí colocándolas para coserlas derecho con derecho y utilizando la técnica de repulgo. Los cartones se retiran una vez que todos los lados están unidos a otra pieza.

TRUCO: realiza, en el centro de cada cartulina, un pequeño agujero que te servirá para sujetar la cartulina a las piezas de tela y luego, una vez cosidas, para retirarla.

CÓMO COMBINAR TELAS

Para mí una de las cosas más importantes en cualquier proyecto son las telas que vamos a emplear. De hecho, aunque no os lo creáis, en muchas ocasiones tardo más en elegir las telas que en coser, porque como os decía al comienzo de este libro, el éxito de un proyecto depende a partes iguales del diseño, la ejecución y de la calidad de las telas empleadas.

Para combinar las telas os propongo la siguiente clasificación:

Telas comodín o básicas: lunares, cuadros *vichy*, rayas, estampados y diseños geométricos pequeños son las que casi siempre podemos combinar con cierta facilidad, ya que, aunque aportan carácter al trabajo, no son llamativas y se pueden combinar con otras telas.

Telas protagonistas: son telas que, por sí solas, bien por su color o por su estampado, grande y llamativo, llenan ya el proyecto. Si necesitas combinarlas opta por telas comodín, ya que rebajan la intensidad de su estampado.

En cuanto a los colores, debes decidir si quieres una combinación armónica o buscar el contraste. Para la primera opción las telas deben ser todas de la misma gama y compartir algunos colores. Recuerda que siempre puedes contar con las propuestas que nos hacen los fabricantes, ya que suelen ofrecer telas con una misma gama de colores con estampados diferentes. Si, por el contrario, buscas el contraste, es conveniente usar telas cuyos colores se opongan en la paleta cromática; así, nunca fallarás. En este caso te recomiendo que no combines más de dos o tres telas, y que solo una de ellas sea la protagonista.

También es importante que pienses en esos «otros materiales» que vamos a emplear, como cremalleras, cintas de bies, encajes, zigzag…, ya que su color tendrá también un impacto en el efecto final del trabajo.

A veces, utilizando una selección de telas sencillas, sin demasiado protagonismo ninguna de ellas y siendo todas de una gama de color similar, es posible conseguir un trabajo realmente bonito y llamativo gracias a estos complementos que incorporamos a la labor, pues con ellos damos el contraste y el toque de color especial.

Te recomiendo que, antes de comenzar un trabajo, coloques sobre la mesa los materiales —telas y complementos— y veas si la combinación «funciona». Prueba a hacer pequeños cambios en las telas, sustituyendo unas por otras y también en cremalleras, cintas, cierres… Realiza si puedes fotos con las distintas posibilidades y compara, así podrás elegir qué opción es la mejor. No tengas miedo en arriesgar con las combinaciones pues, muchas veces, la opción que menos te puedes esperar es que le va a dar el toque perfecto y especial a tu trabajo.

▶ CÓMO COMBINAR TELAS

Aprende todos los trucos sobre cómo combinar tus telas en este video

https://youtu.be/i_PW72c6edw

LAS LABORES

COSTURERO DE VIAJE

Recuerdo hace ya muchos años un viaje en tren a Málaga junto a mi abuela, mi madre y mi hermano. En aquel tiempo el trayecto duraba prácticamente todo el día, y al final las horas y el aburrimiento pasaban factura, y ni mi madre ni mi abuela sabían ya qué hacer para entretenernos y que estuviéramos quietos sin molestar a los demás pasajeros.

En un momento dado fijé mi vista en una señora que iba sentada unos asientos más atrás y que venía todo el viaje cosiendo sobre una tela con hilos de colores. Llevaba gafas de ver de cerca (qué lejos estaban de mí en aquel momento, y ahora se han convertido en mis compañeras inseparables) y una especie de lupa con luz para ver mejor lo que estaba bordando, por lo que, para unos niños inquietos como nosotros, suponía todo un misterio tanto lo que hacía como todos los complementos que llevaba alrededor. Fue la excusa perfecta para que pasáramos un buen rato entretenidos mirando con descaro e intentando adivinar qué hacía.

Cuando pasaron los años, y todavía sin gafas, era yo la que repetía la escena en trenes, barcos y aviones, en playas y montañas, porque no podía dejar de hacer punto de cruz, que era lo que esa señora misteriosa del tren hacía; parecía que me faltaba algo sin mis dibujos e hilos de colores.

Durante mucho tiempo he llevado mis cosas en bolsas y cajas que no eran especialmente bonitas, lo que hizo que me diera cuenta de que necesitaba un costurero de viaje, algo sencillo que no ocupara demasiado y con compartimentos suficientes para llevar todos mis cachivaches ordenados.

Comenzamos…

MATERIALES QUE VAS A NECESITAR

- telas diferentes que combinen entre sí
- plástico transparente o hule de cristal
- tres cremalleras
- cinta de bies
- cinta de zigzag
- botones
- cordón elástico
- *foam* o estabilizador (como lo conozcas): se trata de una goma espuma finita de algo menos de 3 mm de espesor. Si lo prefieres también puedes utilizar guata de algodón
- detalles para decorar
- un cierre magnético para el alfiletero
- fieltro.

PATRÓN

Este proyecto no tiene patrón, tan solo tienes que cortar las piezas que te indico a continuación.

PIEZAS QUE HAY QUE CORTAR

- ✂ Para el cuerpo del costurero, corta tres piezas (una de tela exterior, otra de tela interior y una de *foam* o estabilizador) con un tamaño de 50 x 25 cm.
- ✂ Para los compartimentos interiores corta tres piezas de 28 x 22 cm de telas diferentes.
- ✂ Otra pieza de tela de 18 x 22 cm para el segundo bolsillo del compartimento central.
- ✂ Una pieza de fieltro de 7,5 x 7,5 cm.
- ✂ Para el alfiletero corta dos piezas de 9 x 9 cm.
- ✂ Una pieza de plástico de 22 x 12 cm.

CONFECCIÓN

1. Sobre la tela exterior realiza el diseño del acolchado que quieras hacer con la ayuda de un marcador que se pueda luego borrar, bien con calor o con agua. Te sugiero uno sencillo, líneas paralelas a 45 grados del borde de la tela en ambos sentidos, separadas unas de otras 3 cm. Realiza el diseño sobre el lado derecho de la tela.

2. Forma un «sandwich» con las tres telas que hemos cortado en el siguiente orden: primero la tela que va en el interior con el derecho hacia la mesa, luego el estabilizador y, por último, la tela que va en el exterior con el revés hacia el estabilizador.

Sujeta bien los bordes con pinzas o alfileres para que no se muevan. Si dispones de pegamento temporal en *spray*, es una buena opción para que las tres capas de tela queden unidas y puedas realizar el acolchado con comodidad.

Para acolchar te recomiendo que utilices un largo de puntada de 3,5 mm y que empieces siempre a acolchar por el centro, alternando el sentido de las costuras para que así no se deforme la pieza que estés cosiendo.

Cuando hayas terminado de acolchar, ajusta el tamaño de la pieza a 48 x 22 cm.

Vamos ahora con los compartimentos interiores.

3. Toma una de las piezas de 28 x 22 cm y dóblala a la mitad, dejando el derecho de la tela en el exterior; plánchala para que quede marcado el doblez.

4. A continuación, cose uno de los lados de la cremallera; para ello coge el borde de la tela (el lado doblado) por encima del borde de la cremallera, sujeta con pinzas o alfileres y utiliza el prensatelas específico que tiene tu máquina para este fin.

Cose encima del otro lado de la cremallera una cinta decorativa o zigzag para adornar el trabajo.

5. Decora el exterior del bolsillo cosiendo a una distancia de 2 cm de la cremallera una cinta decorativa o zigzag. Lo vamos a sujetar primero con un hilván, para que así no se mueva, y luego daremos la costura a máquina.

6. Toma la pieza de fieltro de 7,5 x 7,5 cm; si tienes tijeras que cortan en zigzag o en onda, es la ocasión perfecta para utilizarlas. Cósela sobre el bolsillo centrándola en una de las esquinas del bolsillo. Toma los dos cuadrados de 9 x 9 cm. Coloca las piezas derecho con derecho y cose un pespunte todo alrededor salvo un pequeño espacio. Utilízalo para dar la vuelta al alfiletero, saca bien las esquinas, rellénalo de guata y cierra a puntada escondida la abertura que habías dejado.

Cose en el centro del alfiletero un botón para darle forma y en el lado opuesto cose uno de los lados del cierre de imán. Centra el alfiletero en la otra esquina del bolsillo y cose la otra pieza del cierre de imán.

7. Toma el bolsillo y sitúalo sobre uno de los extremos de la pieza principal (la que hemos acolchado), alinea los bordes y sujétalos con pinzas. Si lo hubiera, corta el exceso de cremallera. Cose en primer lugar el otro lado de la cremallera a la pieza principal. Ayúdate del prensatelas específico e intenta realizar esta costura lo más pegada posible al borde de la cremallera.

8. A continuación, cose con puntada de zigzag el resto del contorno del bolsillo para luego trabajar con más comodidad cuando rematemos el trabajo.

9. Preparamos ahora el bolsillo que va en el otro extremo. Partimos de nuevo de una pieza de 22 x 28 cm y la doblamos por la mitad dejando el derecho en el exterior. Coseremos la cremallera del mismo modo que en el otro bolsillo, poniendo también un zigzag decorativo en uno de sus lados.

10. Preparamos ahora el compartimento que realizamos con plástico transparente que va situado sobre este bolsillo. Toma la pieza de plástico (también puedes hacerlo de otra tela), y cose sobre uno de los lados de 22 cm una cinta de bies al tono de las telas que vayas a utilizar.

Realiza una marca justo a la mitad de lado a lado, para crear los dos compartimentos que lleva el bolsillo de plástico.

Sitúa esta pieza sobre el bolsillo alineando los lados que están sin coser, sostén con pinzas y cose por encima de la marca que has realizado.

Sujeta ahora el bolsillo así preparado sobre el otro extremo de la pieza principal y cóselo de igual manera que hiciste con el otro bolsillo: primero la cremallera con una puntada recta lo más pegada al borde posible, y luego un pespunte en forma de zigzag para unir las piezas entre sí.

Preparamos ahora el bolsillo central.

11. Toma la última pieza que has cortado de 28 x 22 cm, pero la vas a doblar dejando el derecho en el interior. Alinea los bordes de las piezas y cose el lado de 22 cm con un margen de costura de 1 cm. Dale la vuelta y plánchala dejando la costura en uno de los extremos. Una vez cosida, tendrá un tamaño de 13 x 22 cm.

12. Toma la pieza de 18 x 22 cm, también la doblamos dejando el derecho en el interior, y la cosemos y planchamos del mismo modo que la pieza anterior. Una vez cosida, tendrá un tamaño de 8 x 22 cm.

Toma la pieza más pequeña de las dos que acabamos de preparar y coloca una cremallera del mismo modo que la hemos colocado en los otros bolsillos.

Alinea la pieza pequeña, con un lado de la cremallera ya cosido sobre la pieza más grande, asegúrate de que los bordes coinciden, y cose el otro lado de la cremallera.

13. Por último, toma esta pieza e incorpórala a la pieza principal, donde ya hemos cosido los otros dos bolsillos en los extremos.

Para ello, alinea los lados (te van a coincidir sin problema porque tienen el mismo ancho) y sitúa este bolsillo dejando la misma separación a derecha e izquierda de los bolsillos que ya tienes cosidos. Sujétalo con pinzas y cose con costura recta justo por encima de ambas telas para formar el bolsillo (justo en el lado contrario que has colocado la cremallera) y cose a zigzag los lados para que el remate lo coloquemos fácilmente.

Vamos con la parte final.

14. Coloca en uno de los extremos la goma elástica justo a la mitad de un lado, sujétala con pinzas para que no se mueva. Si te es más cómodo, realiza un pequeño pespunte para que tampoco se mueva en el siguiente paso.

15. Coloca una cinta de bies todo alrededor del trabajo para rematar. Sujétala primero con pinzas por el lado interior (así no tienes que coser a mano sobre el plástico), remata el comienzo y el final de la cinta.

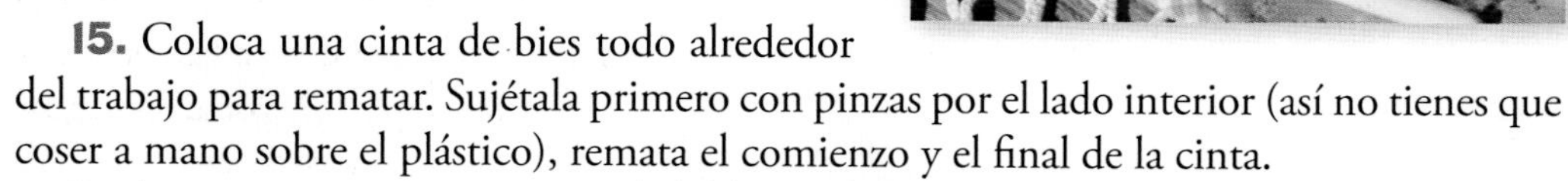

Realiza un pespunte justo por el doblez. Dobla la cinta hacia el exterior, acomódala con ayuda de nuevo de las pinzas, y cose a puntada escondida.

Si te atreves a coser sobre el plástico, realiza todos estos pasos del mismo modo, pero comienza colocando la cinta sobre el lado del derecho —que es como habitualmente se cose la cinta de bies—.

16. Cose el botón en el exterior a la altura de la goma elástica, dobla primero el costurero y así verás exactamente dónde tienes que coserlo.

En el interior, cose todos los detalles decorativos que quieras, siempre le darán un toque especial al trabajo.

Ahora solo tienes que viajar mucho para aprovechar al máximo este costurero.

▶ COSTURERO DE VIAJE

Descubre todos los detalles de esta labor y asegúrate de que te queda perfecta

https://youtu.be/vDOhdoXinQY

JOYERO HEXÁGONOS

La verdad es que no sé muy bien de dónde me viene esta afición por las cajitas. De hecho, no sé cuántas puedo tener en mi casa, demasiadas quizás, y gran parte de ellas con una historia detrás.

La primera de todas la conservo desde que me la regaló mi abuelo cuando yo solo tenía 4 o 5 años; ocupa un lugar muy especial en mi casa y, por supuesto, en mi corazón. A partir de ahí la colección fue creciendo conmigo, y en cada viaje, en cada ocasión especial, siempre incorporaba alguna a mi habitación.

Y así, sin darme cuenta, me convertí en coleccionista, en buscadora de tesoros y acumuladora de recuerdos. Aficiones que sin duda he heredado de mi padre, cuya casa parece más un museo que otra cosa.

Las tengo porque me gustan, sin ninguna finalidad concreta, solo por el gusto de verlas y disfrutar de los recuerdos que me traen.

Os propongo esta versión perfecta para adornar cualquier rincón de casa y guardar en su interior historias únicas.

Comenzamos…

MATERIALES QUE VAS A NECESITAR

- dos telas que combinen entre sí
- dos botones
- un cordón elástico al tono de las telas
- un estabilizador que sea bastante rígido
- pegamento en *spray*.

PATRÓN

La caja hexagonal la puedes realizar en la medida que te interese, tan solo vas a necesitar como molde dos hexágonos que tengan una diferencia en su lado de 2 cm. En este libro encontrarás los moldes de 6, 8, 10 y 12 cm, por lo que podrás realizar cajas de tres tamaños diferentes.

En este tutorial voy a emplear el que tiene 8 cm de lado y el que tiene 10 cm.

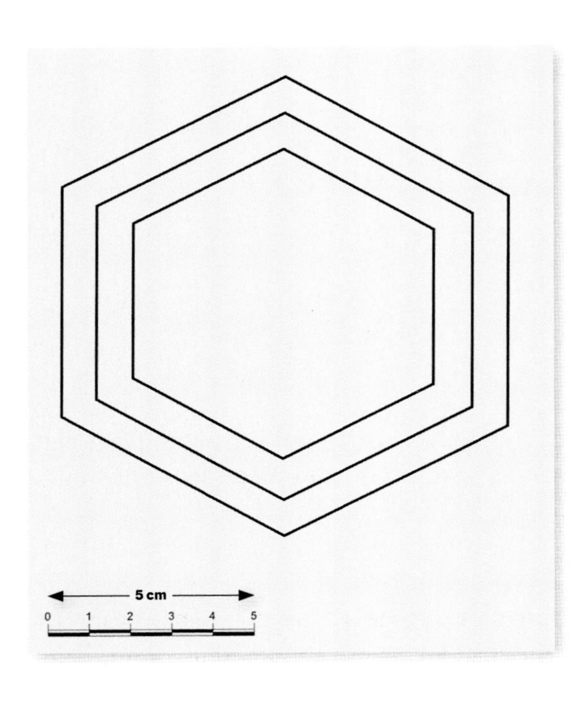

PIEZAS QUE HAS DE CORTAR

Tomando como referencia el hexágono que tiene de lado 8 cm:

✂ 8 piezas de estabilizador de ese tamaño

✂ 8 piezas de la tela principal.

Tomando como referencia el hexágono de 10 cm de lado:

✂ 8 piezas de la tela que va en el interior.

CONFECCIÓN

1. Comenzamos tomando los hexágonos de tela y estabilizador de 8 cm de lado. Tienes que unir ambas piezas, para ello te recomiendo que utilices pegamento temporal en *spray*. Te va a permitir sujetarlas entre sí de una manera muy cómoda. Si no dispones de este material sujeta ambas piezas pasando un hilván alrededor.

2. Toma ahora cada una de las piezas de 10 cm de lado, y realiza una marca, con la ayuda de una regla, por el lado del derecho de la tela, a 0,7 cm del borde de la tela. Utiliza esta marca como ayuda para doblar justo por ahí la tela hacia el revés de la pieza. Hilvánalo para que a continuación sea más sencillo trabajar.

3. Ahora de lo que se trata es de forrar el hexágono que está pegado al estabilizador con el hexágono más grande, en el que hemos hecho el pequeño dobladillo. Para ello centramos una pieza sobre otra, dejando los lados del derecho hacia el exterior. A continuación, vamos volteando los lados de la pieza más grande sobre la pieza más pequeña y sujetamos todo alrededor con pinzas.

4. En uno de estos hexágonos vamos a preparar la tapa de la caja. Para ello, en uno de los lados, colocaremos el cordón elástico. Toma un cordón de unos 10 cm de longitud, dóblalo a la mitad, y sitúas sus extremos justo en el centro de uno de los lados del hexágono pequeño, sujetándolo primero con unas pinzas y luego con un pespunte pegado al borde de la tela. A continuación, doblamos la tela del hexágono más grande del mismo modo que hemos hecho en el resto de los lados.

Daremos un pespunte con hilo al tono justo al borde de la tela del hexágono grande.

5. Ahora tenemos que unir los distintos hexágonos entre sí para formar la caja.

Para ello colocamos dos hexágonos alineados perfectamente, superponiendo los dos lados interiores, y comenzamos a coser dos de sus lados con puntadas pequeñitas para que no se noten. Cuando hayas unido los dos primeros, continúa cosiendo de la misma manera las piezas hasta que hayas unido un total de 6 hexágonos. Para unir las piezas entre sí necesitarás forzar un poquito las piezas de manera que puedas coser más fácilmente.

6. Ahora ha llegado el momento de coser la base. La vas a coser del mismo modo que los lados entre sí, pero ten en cuenta que, a medida que vayas cosiendo los distintos lados, te va a ser algo más complicado y necesitarás doblar un poquito la tela.

7. Por último, coloca la tapa. Para ello cose el hexágono en el que has colocado el cordón elástico y une a la parte superior de la caja el lado opuesto en el que cosiste el elástico.

Ya solo nos queda coser el botón que sirve para cerrar la caja; antes de hacerlo, mide dónde es más conveniente ubicarlo en función de la goma elástica.

Si te gusta, añade algún detalle a la tapa como un «yo-yo» con un botón.

▶ JOYERO HEXÁGONOS

Descubre todos los detalles de esta labor y asegúrate de que te queda perfecta

https://youtu.be/5zc2Skr7crA

LLAVERO CON CAMPANITAS

Quién no recuerda el día en el que sus padres le dieron las llaves de casa. Es el comienzo de la autonomía, de la libertad, de ser mayor. La preocupación de ellos, que no las perdieras; la tuya, el llavero, que fuera bien vistoso y llamativo para que todos tus amigos se dieran cuenta de que ya tenías llaves.

De lo que no me daba cuenta en aquel momento era lo que realmente significaba tener llaves: el comienzo de las responsabilidades y el abandono de la niñez, un incipiente paso a la edad adulta, en la que los llaveros serían lo menos importante.

Yo recuerdo que no solo tenía un llavero, sino fácilmente 10 enganchados unos a otros, todos eran recuerdos de algo en concreto o simplemente objetos de moda en aquel momento. Creo que la mayoría de ellos están todavía por casa.

Ahora, cuando llevo el bolso lleno de cosas, me doy cuenta de lo útil que es tener un llavero grande, así lo localizas con mucha más facilidad. Con estas campanitas sucede lo mismo y son un detalle perfecto para regalar —siempre gustan—, para aprovechar retales y para usarlas también para decorar bolsos o maletas.

Comenzamos…

MATERIALES QUE VAS A NECESITAR

- tela para las flores, a tu gusto: todas iguales o aprovecha los retales que tengas en casa
- tela en tono verde para las hojas
- una anilla metálica
- pequeñas cuentas como si fueran perlas
- un cordón que imite al cuero o cola de ratón
- guata de algodón
- entretela adhesiva fina
- pegamento de barra
- pistola silicona caliente (opcional).

PATRÓN

El molde es un pentágono que tiene un lado de 6 o 7 cm, pero puedes modificar su tamaño en función de tu gusto o de la finalidad de tu proyecto.

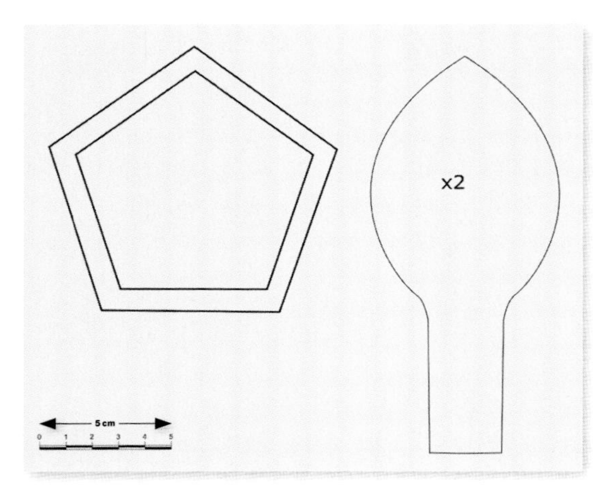

PIEZAS QUE HAY QUE CORTAR

✂ 8 pentágonos (o el número que quieras hacer de flores), para ello pasa el contorno del molde a la entretela y a continuación vas a ir cortando justo por el borde del dibujo que has realizado.

✂ Dos rectángulos de tela verde y uno de guata de 40 x 8 cm.

CONFECCIÓN

1. Coloca las piezas de entretela sobre el revés de la tela que vayas a usar para realizar las flores y pégala con la ayuda de la plancha. A continuación, recorta la tela de las flores justo por el borde de la entretela.En estas piezas vamos a marcar el centro del Pentágono (en el molde tenéis la marca) puesto que ahí vamos a colocar el cordón que nos servirá para colgar las flores.

2. Sobre esta marca, y con la ayuda de un punzón, vamos a hacer un pequeño agujero por el que pasar el cordón. Este tiene un tamaño de 25 cm y necesitarás cortar uno para cada par de flores. Para sujetar el cordón en el interior de cada flor realiza un nudo y, para mayor seguridad, pon un punto de silicona caliente.

3. A continuación, vamos a ir doblando hacia el interior cada una de las esquinas del pentágono, justo hasta que toquen el cordón, y las vamos a sujetar dando un poquito de pegamento de barra.

Al doblar cada uno de los lados hacia el interior vas a formar un nuevo pentágono, más pequeño y con los bordes de la tela doblados. Espera a que el pegamento seque antes de continuar.

4. Dobla ahora cada uno de los lados a la mitad, así vas a tener la referencia perfecta de dónde tienes que coser, y justo por ese punto vamos a pasar un hilo (mejor doble) uniendo los cinco puntos. Cuando hayas unido los cinco puntos tira del hilo y, automáticamente, se habrá formado la flor. Acomoda los pétalos para que queden con una forma bonita y del mismo tamaño.

5. Por último, cose una cuenta en el punto de unión central de los pétalos a fin de disimular las puntadas y además darle un toque decorativo muy especial.

6. Coloca los 4 pares de flores en la anilla del llavero y ata los cordones con un nudo.

7. Por último, vamos a preparar las hojas que adornan el llavero. Tomamos el molde y lo pasamos por el revés de una de las piezas de tela verde. Forma un «sándwich» colocando en primer lugar guata, a continuación, una pieza de tela verde con el derecho hacia nosotros y el revés hacia la guata y, por último, la pieza en la que has dibujado el contorno del molde con el revés hacia nosotros.

8. Realiza un pespunte todo alrededor del molde, sin dejar ningún espacio para dar la vuelta. Recorta todo alrededor dejando un margen de algo menos de 1 cm y retira el exceso de guata justo al borde de la costura, con la ayuda de una tijera pequeña, para que así quede menos abultado cuando le demos la vuelta.

9. Con mucho cuidado, separa las distintas capas de tela y corta justo en el centro de la pieza, en el lado donde hemos puesto la tela en el que has dibujado el molde; solo tienes que cortar esta capa de tela para que por ese espacio demos la vuelta a las hojas. A continuación, voltea el trabajo y saca muy bien las esquinas para tener una buena terminación. Cierra la abertura con unas puntadas al tono de la tela (aunque no se van a ver).

10. Coloca las hojas sobre el nudo, dejando el lado en el que no hay puntadas hacia el exterior, y el lado que tiene las puntadas, junto al nudo que has hecho con los cordones. Si quieres, le puedes dar un punto de silicona caliente para que no se mueva.

Hacemos un nudo con las hojas y ya tenemos listo el llavero.

Handmade
with love

CAJITA DE *PATCHWORK*

Los regalos hechos a mano siempre tienen algo especial, quizás porque, aunque se realicen muchas veces, son únicos en detalles y acabados, y sobre todo porque llevan parte del corazón de las manos que las han elaborado.

Recuerdo muchas navidades, cuando el dinero no sobraba, pero sí el cariño y el esfuerzo, ver a mi madre realizar pequeños trabajos a mano —de todo tipo: costura, estaño repujado, miga de pan…— con los que sorprender a la familia. Qué ilusión tenían esas manos cuando estaban trabajando, pensando siempre en el destinatario del trabajo que hacían.

Ya os he dicho que las cajitas me encantan, pero esta sin duda es especial, el regalo perfecto, no solo por su acabado, tan romántico, sino porque, a pesar de ser tan pequeña, es un compendio fantástico de varias técnicas de *patchwork* que luego podemos utilizar en otros trabajos.

Comenzamos…

MATERIALES QUE VAS A NECESITAR

- telas que combinen entre sí
- estabilizador de entre 3mm y 5 mm de grosor
- cartulinas en forma de hexágonos
- para hacer las aplicaciones emplearemos los materiales de Apliquick™
- cordón elástico
- dos botones.

PATRÓN

— un cuadrado de 11 por 11 cm
— hexágonos que necesitas para realizar la técnica del jardín de la abuela
— un corazón para las aplicaciones a puntada escondida.

PIEZAS QUE HAY QUE CORTAR

✂ 6 piezas de 13 por 13 de estabilizador

- ✂ 6 piezas de 13 por 13 de tela de interior
- ✂ 6 piezas de 13 por 13 de las telas que van en el exterior
- ✂ Un círculo de 11 cm de diámetro para el adorno de la tapa
- ✂ 14 piezas de tela en colores variados con un tamaño de 5 x 5 cm o de un tamaño suficiente para cubrir los hexágonos de cartón
- ✂ 2 piezas de 8 x 8 cm para los corazones.

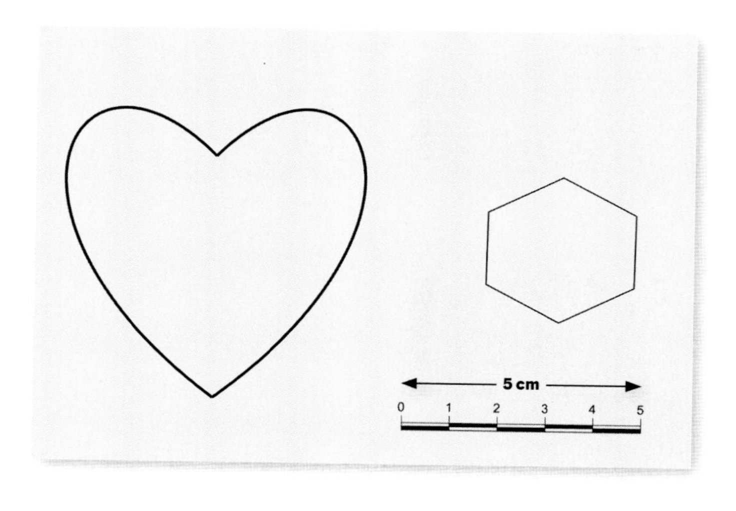

CONFECCIÓN

Vamos a preparar la aplicación del corazón.

1. Pasamos el molde a la fliselina de aplicación. Cortamos por el borde del dibujo y pegamos con la plancha al revés de la tela. A continuación, recortamos dejando un margen de algo menos de 1 cm. Con la ayuda del pegamento y de los palitos metálicos pegamos el margen de la tela hacia el interior apoyando la tela en el borde de la entretela.

2. Sitúa los dos corazones en el centro de las dos telas donde van las aplicaciones, sujétalas, bien con alfileres, bien con pegamento de aplicación, y cóselas a puntada escondida.

Ahora vamos a preparar la flor del jardín de la abuela.

3. Recortamos 7 hexágonos en cartulina con una medida de 3 cm de lado. Tomamos un trocito de tela y forramos los hexágonos con un hilván. Comenzamos a unir los hexágonos entre sí, colocando derecho con derecho, y las cosemos a repulgo.

Empieza siempre uniendo a la pieza central todos los hexágonos —así podrás retirar la cartulina del hexágono central— y, posteriormente, une los lados de los hexágonos que forman los «pétalos» de la flor.

Antes de retirar las cartulinas de los hexágonos plancha la flor y así asentarás los bordes. Retira las cartulinas.

4. Fija cada una de las dos flores en el centro de dos de las piezas de tela que hayas elegido para los laterales de la caja y cóselas a puntada escondida.

handmade
love

5. A continuación, forma los siguientes «sándwiches» —tienes que hacer un total de 6—: coloca primero el estabilizador; a continuación, la tela que va en la parte exterior con el revés hacia el estabilizador y el derecho hacia arriba; y, por último, la pieza de tela que va en el interior con el derecho hacia el derecho de la otra tela y el revés hacia arriba.

Alinea muy bien las piezas y cose todo alrededor con un margen de un cm. En uno de los lados deja un espacio de unos 5 cm sin coser para luego poder dar la vuelta a la pieza.

6. En la pieza que va a ir en la tapa de la caja, sujeta en el centro de uno de los lados una goma elástica doblada a la mitad, dejando los extremos hacia el exterior (nos va a servir para cerrar la caja).

Recorta todo el exceso de estabilizador al borde de la costura, da la vuelta a cada una de las piezas y saca bien las esquinas. Alinea los bordes de la abertura que habías dejado y ciérralo a puntada escondida.

7. Por último, realiza un pespunte por el lado exterior de cada una de las 6 piezas de la caja a un cm del borde de la tela.

Ahora vamos a formar la caja.

8. Comenzamos uniendo a la pieza de la base los cuatro laterales. Sujeta derecho con derecho, alinea las piezas y cose a repulgo. Estas puntadas se dan siempre en perpendicular al sentido de la costura y tomando solo las telas que van en el exterior (que son las que quedan en el centro de las cuatro telas que vas a tener juntas cuando coloques derecho con derecho los lados de la caja).

9. Cuando hayas unido los cuatro laterales a la base, tienes que unirlos entre sí. Colócalos derecho con derecho y cose del mismo modo. Tendrás que doblar un poquito la base para poder coser con más comodidad.

10. Por último, coloca la pieza de la tapa, alineando el lado contrario al que tiene la goma elástica a uno de los laterales de la caja. Coloca derecho con derecho y cose del mismo modo que el resto de las piezas.

Para finalizar, cose un botón en la parte frontal de la caja midiendo antes con el elástico para ver la distancia correcta. Forma un yoyó con un círculo de 11 cm de diámetro y cóselo en la tapa junto con un botón.

Descubre todos los detalles de esta labor y asegúrate de que te queda perfecta

https://youtu.be/-QQiScjt04A

CESTA
RAG QUILT

Recuerdo un verano, cuando todavía estaba estudiando en la facultad, en el que para ganar un dinerillo tuve la oportunidad de trabajar como taquillera en un cine de la Gran Vía de Madrid. Era un trabajo entretenido, mucho menos sofisticado que en la actualidad, donde no había ni venta *online* ni ordenadores, y que simplemente contábamos con un rollo de *tickets* que íbamos cortando con la mano según venían los espectadores a comprar su entrada.

Ese verano una bolsa de plástico fue mi compañera inseparable. En su interior, una madeja de algodón egipcio, un ganchillo y una puntilla interminable que a día de hoy decora el bajo de una de las cortinas de mi casa.

Y es que, cuando descubres las posibilidades que las manos tienen para crear, no solo quieres probarlo todo, sino que se genera una especie de adicción, una obsesión por terminar el trabajo que te obliga a, sea adonde sea, llevar una bolsa con las labores que están en proceso.

Además, para mí es imposible tener solo un trabajo a medias, siempre tengo varios, quizás porque alguno de ellos es más largo, porque me gusta variar o porque quiero hacer todo lo que me gusta y no puedo esperar a terminar lo primero para comenzar lo siguiente.

Por eso tengo muchas bolsas y cestos de distintos tamaños que me sirven para tener todos estos proyectos a medias, pero sin duda, una de mis favoritas, quizás por ese aspecto tan «country» que tiene, es esta.

La técnica de *rag quilt* otorga a los trabajos un aspecto muy especial, ¡y es tan sencilla de realizar! Podemos aprovechar muy fácilmente los retales, y nos sirve para hacer casi de todo: colchas, cojines, neceseres, bolsos, ¡¡lo que quieras!! Además, no solo lo puedes hacer con cuadrados, también lo puedes hacer con rectángulos o combinando ambas formas.

Comenzamos…

MATERIALES QUE VAS A NECESITAR

- telas que combinen entre sí, de todos los colores que te apetezca; se trata de un proyecto perfecto para aprovechar retales que te hayan quedado de otros trabajos.
  (En la bolsa que os propongo voy a utilizar 5 telas diferentes para la parte exterior, y una sexta tela para la parte interior).
- guata de algodón
- cinta o cordón para cerrar la bolsa
- 8 botones decorativos.

PIEZAS QUE HAY QUE CORTAR

Te recomiendo que lo hagas con la base de corte y el *cutter* para que te queden bien exactas.

✂ Telas roja, azul, naranja y verde: 2 piezas, cada una de 11x11 cm
✂ Tela amarilla: 12 piezas de 11x11 cm
✂ Tela forro: 20 piezas de 11x11 cm
✂ Guata: 20 piezas de 9x9 cm
✂ Para las trabillas necesitarás cortar 8 piezas de 6 x 5 cm.

Comenzamos…

CONFECCIÓN

1. Lo primero que tienes que hacer es, bien sobre las piezas de tela de forro, bien sobre las de la tela exterior (las que mejor te vayan por su color), dibujar con un marcador que luego se pueda borrar las dos diagonales, ya que por ahí es por donde vamos a coser.

2. Para ello vas a formar un sándwich de la siguiente manera: coloca una de las piezas de tela exterior con el derecho hacia la mesa; a continuación, la guata, que como es un poco más pequeña, deberás centrarla dejando 1 cm todo alrededor de la tela que acabas de colocar; y por último, encima de la guata, la tela de forro con el revés hacia la guata.

Sujeta con alfileres y cose por las dos diagonales que has dibujado.

3. Cuando tengas preparadas las 20 piezas con este pespunte, vamos a comenzar a unirlas entre sí.

Colócalas sobre la mesa, de cuatro en cuatro, distribuyendo correctamente los colores para formar la base y los cuatro lados.

Toma dos piezas y coloca los dos lados interiores juntos, dejando las partes exteriores hacia fuera. Alinea perfectamente los bordes y cose uno de sus lados con un margen de 1 cm (si vas a usar un margen diferente, deberás modificar el tamaño de los cuadrados de tela).

4. Cuando hayas unido todas las piezas de dos en dos las vamos a unir entre ellas: toma dos bloques de dos piezas y coloca del mismo modo que cuando los unías de uno en uno, solo que en esta ocasión debes confirmar que las costuras están alineadas también (no solo los bordes de las telas), y coser de nuevo por uno de los lados que tiene ya dos cuadrados cosidos entre sí (fíjate bien en que estén correctamente colocados según los colores). Tendrás así 5 bloques de 4 cuadrados cada uno.

5. Cosemos a cada uno de los lados de la base (que tiene solo tela amarilla en el exterior) los otros 4 cuadrados, del mismo modo que hemos hecho hasta ahora.

Por último, uniremos los laterales entre sí para formar la bolsa.

Preparamos ahora las trabillas que nos sirven para cerrar la bolsa.

6. Tomamos las piezas de 5 x 6 cm y realizamos un dobladillo de algo menos de 1 cm en los lados que miden 5 cm, de manera que la pieza tenga un tamaño de 3 x 6 cm una vez realizados.

7. A continuación la doblamos a la mitad, dejando el revés en el interior —tendrá un tamaño de 3 x 3 cm—, y situamos cada una de estas piezas en el interior de cada uno de los 8 cuadrados que forman el borde de la bolsa. Colócalas entre la guata y la tela de fondo, y sujeta con alfileres.

8. Después cose alrededor del borde de la bolsa con un margen de 1 cm; de esta manera fijarás las trabillas y además rematarás perfectamente la parte superior.

A continuación, coloca la cinta o cordón para que puedas cerrar la bolsa y cose un botón decorativo en tono amarillo en el centro de los cuadrados.

9. Por último, realiza pequeños cortes en los bordes de todas las telas, sin llegar a tocar la costura, a una distancia unos de otros de algo menos de 1 cm. Cepilla los bordes de las costuras o bien lava el trabajo y mételo en la secadora, de esta manera conseguirás el aspecto rústico que estamos buscando en el trabajo.

▶ **CESTA *RAG QUILT***

Descubre todos los detalles de esta labor y asegúrate de que te queda perfecta

https://youtu.be/WINUyVdi5fs

HORTENSIAS DE TELA

Todos tenemos recuerdos que permanecen en nuestra retina de manera nítida y clara. Eso me pasa a mí con unas vacaciones que pasamos en Galicia; tendría 10 o 12 años, no lo puedo recordar. Y a pesar de que es una tierra preciosa, llena de lugares increíbles y una comida fabulosa, si hay un recuerdo que sobresale por encima de todos los demás son las hortensias.

Jamás había visto unas flores tan llamativas, coloristas, y salvajes. Estaban en todas partes. No hacía falta que nadie las cuidara, ya lo hacía la propia naturaleza.

Cuando años más tarde tuve la oportunidad de volver, confirmé que no era un recuerdo de infancia —quizás exagerado por la emoción del momento, pues salir de viaje era algo excepcional—, sino que seguían siendo así de hermosas, descuidadas y abundantes,

Así que hoy vamos a hacer nuestras propias hortensias, más pequeñas y duraderas, pero con el mismo encanto que las originales.

Comenzamos…

MATERIALES QUE VAS A NECESITAR

- Tela para las flores. Elige el color que más te guste. Puedes combinar colores diferentes para cada una de ellas. Te recomiendo que, en cualquier caso, sea de algodón o popelín o, en su defecto, que sea fina, para que logres un buen acabado.
- Tela para las hojas en color verde. Para darle un aspecto más divertido, te recomiendo que utilices al menos tres colores diferentes.
- Abalorios o cuentas muy pequeñas (3 o 4 mm aproximadamente) en color blanco o nacarado.
- Palitos de madera; el largo dependerá de lo que necesites en función de dónde las vayas a utilizar.
- Guata o floca, según lo conozcas, para rellenar las flores.
- Guata de algodón para rellenar las hojas.

Es recomendable utilizar pinzas hemostáticas (de las de quirófano) para voltear las hojas mucho más rápido.

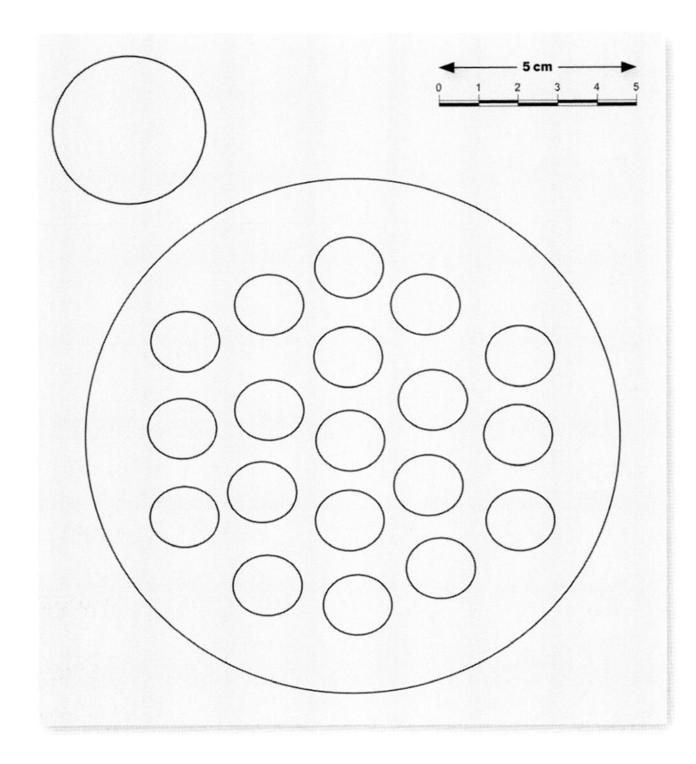

Si quieres que el montaje final sea más ágil, ayúdate de una pistola de silicona caliente.

PATRÓN

Para hacer las hortensias tienes que dibujar 19 círculos de 4 cm de diámetro tal y como se indica en el esquema. Entre ellos debe haber una separación de al menos 1 cm.

A continuación, tienes el esquema de las hojas que, como ves, van en dos tamaños diferentes. Te aconsejo que las recortes en un acetato, un plástico rígido o una cartulina, porque las vamos a utilizar muchas veces.

PIEZAS QUE HAY QUE CORTAR

Para cada flor necesitas:
✂ un círculo de unos 32 cm de diámetro para las flores
✂ tres rectángulos de 10 x 8 cm para las hojas más grandes
✂ tres rectángulos de 9 x 7 cm para las hojas más pequeñas
✂ un círculo de 6 o 7 cm de diámetro para el remate.

CONFECCIÓN

Empezamos preparando las flores.

1. Para ello tienes que dibujar los 19 círculos sobre el revés de la tela que hayas elegido. Y un círculo más grande, de 26 cm aproximadamente, que abarque la totalidad de los círculos pequeños.

2. Cuando los tengas dibujados, enhebra una aguja con hilo al tono. Comenzamos pasando un hilván por el círculo que está en el centro. Rodéalo completamente y frunce, de manera que el exceso de tela quede hacia la parte del derecho. Da un par de puntadas

para que el frunce no se suelte y avanza hacia un círculo próximo. Así sucesivamente hasta que hayas fruncido los 19 pequeños círculos que has dibujado.

A medida que vayas frunciendo más círculos esto se hará un poquito más complicado, por eso es importante que, cuando los dibujes, no estén demasiado pegados porque, llegados a este punto, te puede complicar mucho el trabajo.

3. Ahora ha llegado el momento de incorporar en el centro de cada uno de los frunces un abalorio por el lado del derecho. Los puedes coser todos seguidos, sin necesidad de cortar el hilo, puesto que puedes avanzar por el revés del trabajo. Intenta coserlos centrados, para así formar las pequeñas flores de las hortensias.

4. A continuación, tienes que pasar un hilván por el contorno del círculo grande que habíamos dibujado al principio para así fruncir también y darle la forma definitiva a la flor. Antes de cerrarlo completamente rellena de floca o guata para que quede con una forma bonita y bien definida.

Ahora vamos a preparar las hojas.

5. Pasa el contorno de cada uno de los tipos de hoja por el revés de las distintas telas verdes. Recorta las distintas hojas dejando un margen de 1 cm. Forma el siguiente sándwich: primero la guata, luego la tela verde con el revés hacia la guata y el derecho hacia arriba y, por último, la pieza donde has dibujado el patrón, colocando derecho con derecho y el revés hacia arriba.

6. Da un pespunte a máquina por todo el contorno con la excepción de la base de la hoja, puesto que por ahí es por donde vamos a voltear.

7. Recorta todo el exceso de guata alrededor de la costura y ajusta el margen de la tela a algo menos de 1 cm. Si dispones de tijeras que corten en zigzag, aprovecha y úsalas. Recorta también el pico de la hoja para que no quede abultado.

8. A continuación tienes que voltear las hojas, para ello utiliza las pinzas hemostáticas, introdúcelas por la apertura, engancha el final de la hoja y desliza hacia el exterior.

Acomoda los bordes de las costuras para que la hoja quede con una forma bonita y definida. Si quieres puedes dar un pespunte a la máquina con hilo en tono verde. Por último, dóblalas a la mitad y da una puntada justo en la base para que queden con forma y no sean tan planas.

Tienes que preparar un total de 6 hojas por cada flor.

9. Vamos a ir incorporando las distintas hojas alrededor de la flor, comenzando por las de menor tamaño. Las vamos a pegar con una cantidad pequeña de silicona justo en la base de la hoja, ahí donde hemos dado la puntada para que queden dobladas.

10. A continuación, cortamos un círculo de 6 o 7 cm de diámetro al que damos un pequeño corte en el centro (lo suficiente para luego introducir el palito). Pegamos esta pieza por la parte de atrás de la flor con unos puntos de silicona. Este paso es importante si la flor la vas a utilizar como broche, por ejemplo, ya que tapa todos los bordes de las hojas.

11. Por último, pegamos el palito a la base de la flor con silicona caliente, introduciendo al menos 1 x el corte que habíamos hecho en la pieza redonda que habíamos puesto para rematar la parte trasera.

Y con esto tendrás terminada una preciosa hortensia con la que decorar tu casa. La puedes utilizar como broche, como llavero o en una maceta.

Es un trabajo entretenido pero muy fácil y con un resultado único.

▶ HORTENSIAS DE TELA

Descubre todos los detalles de esta labor y asegúrate de que te queda perfecta

https://youtu.be/qAdMDGIDpUA

CESTITA DEL PAN

No hay cosa que más me guste que una mesa bien puesta, esas mesas de revista, llenas de detalles, vajillas y mantelerías preciosas, flores, velas… que las hacen únicas, especiales para recibir a familia y amigos.

Recuerdo con nostalgia, cuando era pequeña, esos días de Navidad en los que toda la familia se reunía, cuando aún estaban los abuelos y la vajilla «buena» salía del armario donde había estado guardada por meses esperando una ocasión especial.

Empleábamos casi toda la mañana en preparar esa mesa llena de ilusión, dispuestos a celebrar y ser felices por unas horas, olvidándonos de los problemas que nos podían esperar, sobre todo a los mayores, a la mañana siguiente.

Quizás esa es la razón por la que años después soy yo la que me esmero en poner una mesa bonita cuando alguien viene a mi casa, intentando recordar esas vivencias de mi infancia.

Pero poner una mesa así de bonita no necesita de grandes cosas en muchos casos; con pequeños detalles que podemos hacer con nuestras manos lograremos darle ese toque especial. Unas pequeñas cestas para el pan pueden conseguir el efecto que estamos buscando.

Os propongo un modelo sencillo de confeccionar, muy original en su terminación y en dos tamaños diferentes. Además, lo puedes usar para lo que te apetezca, no solo para presentar en la mesa, sino también como vaciabolsillos, para una mesa de escritorio…

Comenzamos…

MATERIALES QUE NECESITAS

- dos telas que combinen entre sí
- estabilizador
- cinta de bies
- encaje o cinta decorativa
- dos botones.

PATRÓN

Este trabajo no necesita de patrón, ya que se realiza a partir de rectángulos de tela.

PIEZAS QUE HAY QUE CORTAR

Para el tamaño más grande necesitas preparar tres rectángulos de 40 x 30 cm, de las dos telas exteriores y del estabilizador.

CONFECCIÓN

1. Alinea las tres telas una encima de la otra en el siguiente orden: tela interior con el derecho hacia la mesa y el revés hacia arriba, el estabilizador y, por último, la tela exterior con el revés hacia el estabilizador y el derecho hacia arriba.

Ajusta las tres telas de manera que estén perfectamente alineadas, sujeta con pinzas o alfileres todo alrededor para fijarlo, y da un pespunte en forma de zigzag por todo el contorno para que no se muevan y sea más cómodo trabajar en los siguientes pasos.

2. Dibuja unas líneas paralelas al borde de cada uno de los lados, a una distancia de 8 cm. Cuando lo hayas hecho en el centro tendrás dibujado un rectángulo al haber realizado estas líneas paralelas.

Cose justo por encima de este rectángulo para conformar así la base de la cesta.

3. Cose todo alrededor una cinta de bies para rematar los bordes de la tela y además lograr un efecto decorativo.

Coloca la cinta empezando por el lado exterior, sujeta su borde con el borde de la tela, prepara las esquinas, remata el inicio y el final, y cose todo alrededor por encima del doblez de la cinta de bies.

A continuación, dobla la cinta recubriendo el borde de la tela y cose a puntada escondida.

4. Coloca ahora por el lado del derecho el encaje, justo debajo de la cinta de bies, cóselo a mano o a máquina. Te recomiendo que antes de coser definitivamente sujetes la cinta decorativa con un hilván para que así no se mueva y sea más sencilla y con mejor resultado la costura posterior.

5. Realiza unas marcas a 9 cm de cada una de las esquinas —son 8 marcas en total— y une cada par de marcas mediante una línea recta con la esquina más próxima del rectángulo que hemos cosido en el centro para crear la base de la cesta.

6. Toma ahora la pieza y dobla cada una de las esquinas dejando la tela exterior fuera y la tela interior dentro del doblez. Las tienes que doblar formando un ángulo de 45º haciendo coincidir las marcas que estaban a 9 cm de la esquina.

Realiza un pespunte justo por encima de la marca que habíamos realizado en el paso anterior.

7. Cuando hayas cosido las 4 esquinas, dobla los picos que se habrán formado hacia los lados cortos e introduce un pico dentro del otro.

Sujeta estos picos con el cuerpo de la cesta mediante unas puntadas que atraviesen todas las capas de la tela. Usa un hilo al tono de la tela interior para que no se note.

Por último, cose un botón (o algún otro elemento decorativo como un lazo o un yoyó) justo encima de los laterales para así rematar el trabajo.

8. En el caso de que quieras hacer la cesta de menor tamaño, debes seguir los mismos pasos pero partiendo de rectángulos de 25 por 35 cm, las líneas paralelas a los bordes han de estar a una distancia de 7 cm, y las marcas con respecto a cada una de las esquinas deben estar a una distancia de 8 cm.

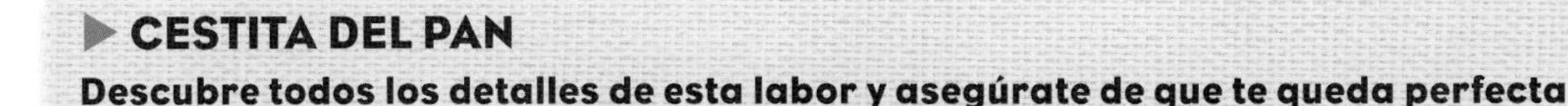

▶ CESTITA DEL PAN

Descubre todos los detalles de esta labor y asegúrate de que te queda perfecta

https://youtu.be/LGaMKZjrLAO

FLORES, Y

FUNDA DE LIBRO O DE *TABLET*

¡La cantidad de horas de mi vida que he pasado en el tren o en el autobús, primero cuando iba a estudiar y luego cuando tenía que trabajar! Siempre he vivido en las afueras de la ciudad y no quedaba otro remedio que emplear mucho tiempo en el transporte público.

Sin embargo, lo que podía parecer un gran problema se transformó en una gran oportunidad, pues me permitía leer tranquilamente todo tipo de novela que caía en mis manos.

Pero es cierto que con tanto viaje los libros sufrían bastante, y al final los tenía que forrar con papel para que no se estropearán tanto.

Así que os propongo el regalo perfecto para los lectores empedernidos: una funda para un libro es una idea muy sencilla que, además, modificando los tamaños, puedes adaptar como funda de *tablet* o de libro electrónico.

Comenzamos...

MATERIALES QUE VAS A NECESITAR

- Dos telas que combinen entre sí, pueden ser de algodón tipo popelín, mis favoritas, o bien unas lonetas estampadas.
- Una tercera tela que vamos a usar en el interior; como se va a ver poco, aprovecha y usa una que no te guste demasiado.
- Estabilizador, *foam*, guata... Se trata de darle cierta consistencia a la funda para que no se deforme con facilidad y que así proteja el libro.
- Un botón decorativo.
- Una goma elástica de unos 12 cm.

PATRONES

Como este diseño se puede adaptar para ser usado como funda de *tablet* o de libro electrónico te voy a enseñar a hacer tus propios patrones, verás que es muy fácil.

1. Lo primero que tienes que hacer es medir el contorno del libro tanto a lo ancho como a lo alto, así que con una cinta métrica rodéalo en ambos sentidos y apunta las medidas.

En el tutorial voy a partir de un libro que mide 23 cm de alto, 15 cm de ancho y 4 cm de grosor, un tamaño bastante habitual. Por tanto, el contorno a lo ancho es de 38 cm y, a lo alto, de 54 cm.

2. A continuación divide esas medidas por dos, tendríamos por tanto 19 cm y 27 cm, que son las medidas del rectángulo que necesitamos sin tener en cuenta ni la holgura ni los márgenes de costura.

3. Pues bien, ahora tenemos que añadir a cada una de esas medidas 4 cm (dos son para los márgenes de costura y otros dos de holgura). Así que en nuestro ejemplo tendríamos un rectángulo de 23 x 31 cm.

4. Ya tenemos la base del patrón, solo nos quedaría calcular el tamaño del bolsillo, un detalle estupendo en la funda para guardar un bolígrafo o un papel, y poder así apuntar todo lo que se nos ocurra cuando tenemos el libro entre las manos.

5. El bolsillo tendrá, en nuestro caso, un ancho de 23 cm y un alto de 21 cm. Para calcular el alto tomamos la medida de la altura y le quitamos 10 cm, para que quede el bolsillo más bajo que el resto de la funda.

Ahora ya sabes cómo calcular el tamaño de tus patrones, de manera que los puedas adaptar para otras finalidades.

PIEZAS QUE HAY QUE CORTAR

- ✂ tela exterior principal: 2 piezas de 23 x 31 cm
- ✂ tela exterior bolsillo: 1 pieza de 23 x 21 cm
- ✂ tela forro: 2 piezas de 23 x 31 cm y 1 pieza de 23 x 19 cm
- ✂ estabilizador: 2 piezas de 23 x 31 cm y 1 pieza de 23 x 21 cm.

CONFECCIÓN

1. Lo primero que tenemos que preparar es el bolsillo, para ello formamos el siguiente sándwich:

— Coloca la pieza de estabilizador de 23 x 21 cm sobre la mesa.

— A continuación, coloca la pieza de tela exterior que tiene el mismo tamaño, con el revés hacia el estabilizador y el derecho hacia arriba.

— Por último, coloca la pieza de forro también del mismo tamaño, con el derecho con el derecho de la tela exterior y el revés hacia arriba.

Llévalo a la máquina y da un pespunte con un margen de 1 cm sobre el lado de 23 cm.

Sobre esta costura, corta todo el exceso de estabilizador, justo al borde del pespunte para que así no quede abultado.

2. Coloca el bolsillo en su posición correcta, de manera que queden los derechos de la tela exterior y del forro hacia afuera, y reserva esta pieza.

Vamos ahora a preparar la parte exterior.

3. Para ello formamos de nuevo un «sándwich» colocando las piezas que has cortado en el siguiente orden:

— Pon primero el estabilizador.

— A continuación, una de las piezas de la tela exterior, colocando el revés sobre el estabilizador.

— Toma la pieza del bolsillo y la colocas alineando los tres lados que no están cosidos sobre la pieza de tela exterior, con el derecho hacia arriba.

— Toma la otra pieza de tela exterior y colócala con el revés hacia arriba y el derecho con el derecho de las piezas que ya has colocado antes.

— Coloca en último lugar la pieza de estabilizador.

Asegúrate, antes de coser, de que todos los bordes de las distintas piezas estén bien alineados, sujétalos con pinzas o con alfileres y da un pespunte en los dos lados largos y en el lado corto donde también está alineado el bolsillo.

4. De nuevo, con mucho cuidado porque hay varias capas de tela, recorta todo el exceso de estabilizador justo al borde del pespunte. Recorta un poquito las dos esquinas para que, al dar la vuelta, el acabado sea perfecto.

5. Ahora preparamos el forro. Toma las dos piezas de forro y coloca derecho con derecho. Cose completamente con un margen de 1 cm los dos lados largos. Cose uno de los lados cortos dejando un espacio justo en el centro de 7 u 8 cm sin coser para luego voltear el trabajo.

Vamos ya con la parte final.

6. Toma la pieza de las telas exteriores y, en la parte superior, la que está sin coser, haz una marca en el lado de la funda que irá en la parte de atrás donde no está el bolsillo, justo en la mitad; tendrás que sujetar, con la ayuda de unas pinzas, la goma elástica que servirá para cerrar la funda doblada a la mitad. Para mayor facilidad, en el paso siguiente cose la goma con unas puntadas a la tela, así podrás retirar las pinzas.

7. Toma también la pieza del forro que has preparado antes, métela en el interior de la parte exterior, de manera que estén derecho con derecho, y da un pespunte todo alrededor con un margen de 1 cm.

8. Ahora ha llegado el momento de voltear aprovechando la abertura que habíamos dejado en el forro. Coloca ya el exterior en su posición correcta y, antes de poner el forro en su sitio, aprovecha para cerrar la apertura que habíamos dejado para dar la vuelta. Puedes hacerlo a puntada escondida o bien con un pespunte muy pegado al borde de la tela.

9. Por último, coloca un botón para cerrar la funda.

▶ FUNDA DE LIBRO O DE *TABLET*

Descubre todos los detalles de esta labor y asegúrate de que te queda perfecta

https://youtu.be/xUsblfykDK8

CARPETA CLASIFICADORA

Hace ya muchos años, cuando era pequeña y todo era en papel y el mundo digital ni pasaba por la imaginación de las personas más avanzadas de la época, recuerdo con intriga unas carpetas con un fuelle en color beige, con muchos compartimentos y forradas de tela de colores, que mi abuela tenía llenas papeles. Yo quería ver qué había dentro, pero siempre me decía que eran cosas de mayores.

Con los años entendí que no guardaban grandes secretos, sino facturas. ¡Qué decepción! Yo siempre quise una para guardar mis «cosas», bendita inocencia.

Ahora entiendo los esfuerzos y sacrificios que esos papeles significaban y cómo con cada uno de ellos se va un poquito de nuestra vida.

El modelo que os propongo está basado en esas carpetas de entonces, pero espero usarlo para guardar recuerdos, emociones y alegrías.

Comenzamos…

MATERIALES NECESARIOS

- tres telas que combinen entre sí
- *foam* o estabilizador de unos 3 mm de grosor
- cierre metálico
- cinta decorativa, zigzag al tono de las telas o encaje.

PATRÓN

Este proyecto no tiene patrón ya que se realiza a partir de rectángulos de tela de distinto tamaño que te indico a continuación.

PIEZAS QUE HAY QUE CORTAR:

- ✂ Para la base: dos piezas de tela y una de estabilizador de 25 por 8 cm.
- ✂ Para los laterales: cuatro piezas de tela y dos de estabilizador de 9 x 19 cm.
- ✂ Bolsillo exterior: dos piezas de tela y una de estabilizador de 23 x 14 cm.

✂ Bolsillos central y delantero: cuatro piezas de tela y dos de estabilizador de 25 x 19 cm.
✂ Pieza de la solapa y la parte trasera: dos piezas de tela y una de estabilizador de 25 x 35 cm.

CONFECCIÓN

1. Comenzamos colocando la cinta decorativa en la pieza de 25 x 35 cm. Hacemos una línea a 5 cm del borde de la tela (lado de 25 cm) y sujetamos con un hilván la cinta o zigzag, podéis variar esta distancia a vuestro gusto o poner dos cintas paralelas. Cuando las tengáis sujetas, dais un pespunte a máquina con hilo al tono.

2. Con todas las piezas vamos a realizar el mismo trabajo, para así prepararlas antes de unirlas entre sí formando la cartera portadocumentos.

Formamos un «sandwich» compuesto de las siguientes capas: primero el estabilizador, luego una de las capas de tela con el revés hacia el estabilizador y, por último, otra capa de tela poniendo derecho con derecho y el revés hacia nosotros.

Tienes que dar ahora un pespunte todo alrededor con un margen de 1 cm, dejando un espacio sin coser para luego poder dar la vuelta. A continuación corta el exceso de estabilizador justo al borde de la costura y recorta las esquinas. Da la vuelta a todas las piezas, saca bien las esquinas (muy importante para un buen acabado) y cierra a puntada escondida la abertura que habías dejado.

Cuando tengas todas las piezas así preparadas comienza a unirlas entre sí.

3. Te quedarán las piezas con estas medidas (voy a nombrarlas para que, cuando las unamos entre sí, sea más sencillo identificarlas):

A. Base: 23 x 6 cm

B. Laterales: dos piezas de 7 x 17 cm

C. Bolsillo exterior: una pieza de 21 x 12 cm

D. Bolsillo central: 23 x 17 cm

E. Bolsillo delantero: 23 x 17 cm

F. Solapa y trasera (misma pieza): 23 x 33 cm.

4. Nos quedamos en primer lugar con la pieza D que corresponde al compartimento central y damos un pespunte todo alrededor, muy pegado al borde, para asentar bien las telas.

A continuación tomamos las dos piezas B que corresponden a los laterales, y damos un pespunte pegado al borde de los lados cortos.

Y vamos a unir estas piezas entre sí.

Dobla los laterales a la mitad longitudinalmente, situándolos justo en la mitad de la pieza del compartimento central. Alinea bien los extremos y sujeta con pinzas. Realiza una costura a algo menos de 1 cm de margen para unirlas.

5. Acto seguido, unimos las piezas C y E. Si os fijáis, el bolsillo exterior tiene 2 cm menos de ancho que el bolsillo delantero, de manera que, para colocar las piezas, tienes que situar la pieza C encima de la E a una distancia de 1 cm a los lados y en la base. A continuación, justo en estos tres lados, debes dar un pespunte recto, bien pegado al borde para unir las piezas entre sí.

6. Ahora ya podemos unir las dos piezas con las que hemos trabajado. Toma la pieza que corresponde a los bolsillos exteriores y alinea sus bordes con el lateral de las piezas B (laterales de la cartera), sujeta con pinzas y cose las dos piezas entre sí con una costura recta pegada al borde.

7. Incorporamos ahora, del mismo modo que los bolsillos delanteros, la pieza F, solo que en este caso, al ser mayor (puesto que incluye la solapa), te sobrará tela una vez que la alinees con el lateral. Del mismo modo, sujeta con pinzas y cose recto bien pegado al borde.

8. Tomamos ahora la pieza A (base de la cartera), que es la última que tenemos pendiente de incorporar. Lo primero que hay que hacer es dar un pespunte pegado al borde de los lados cortos para que las telas queden asentadas.

Para unirla solo tenemos que coserla por sus lados largos al bolsillo delantero y a la parte trasera, del mismo modo que hemos unido las piezas hasta ahora. Los lados cortos de la base se quedan sin unir a ninguna pieza.

9. Por último, incorporaremos el cierre que os guste.

▶ CARPETA CLASIFICADORA

Descubre todos los detalles de esta labor y asegúrate de que te queda perfecta

https://youtu.be/oH_QSXirv-s

MALETÍN

Quién no recuerda, por mucho tiempo que haya pasado, y seguramente con cierta nostalgia, esos primeros días de colegio, cuando llenos de ilusión nos reencontrábamos con amigos que no habíamos visto desde hacía meses, con cierto temor por un curso más, seguramente más difícil, expectantes por conocer a los nuevos profesores e intentando descubrir si eran tan temibles como nos habían dicho compañeros mayores.

Pero de esos días, por lo menos para mí, si hay algo que recuerdo especialmente es el olor a nuevo de los libros con sus páginas intactas esperando ser forrados, los lapiceros, todavía todos con el mismo tamaño, y sobre todo la cartera nueva, perfecta, sin manchas, llena de una ilusión que no comprendería hasta años después.

Inspirado en esas antiguas carteras vamos a hacer este precioso maletín que, aunque con una confección sencilla, tiene un resultado que no me puede gustar más gracias a la combinación de colores y de pequeños detalles.

Comenzamos...

MATERIALES QUE VAS A NECESITAR

- Tres telas que combinen entre sí, dos las utilizaremos en la parte exterior y una de ellas, en el interior como forro.
- Cinta de bies al tono o en contraste de las telas (todo dependerá del protagonismo que quieras que tenga).
- Estabilizador, (ya sabes que es una goma espuma muy finita, de entre 3 a 5 mm de grosor).
- Dos cierres de cuero, aunque también puedes poner dos botones, o dos cierres magnéticos, lo que te guste más.
- Cinta de algodón, de las que se usan para realizar asas, de unos 3 cm de grosor.
- Y para adornar la solapa, lo que te guste: botones bonitos, un broche, una aplicación... las posibilidades son infinitas.

PATRÓN

Este tutorial no tiene patrón, son piezas de distinto tamaño que os indicaré a continuación.

PIEZAS QUE TIENES QUE CORTAR

- ✂ Para la base y los laterales: con un tamaño de 82 x 14 cm necesitas una pieza de la tela exterior, una pieza de forro y una pieza de estabilizador.
- ✂ Para la parte delantera necesitas cortar también tres piezas del mismo tamaño 32 x 26 cm de la tela exterior, de la tela interior y del estabilizador.
- ✂ Para la parte trasera necesitas una pieza de la tela exterior y otra de estabilizador de 32 x 27 cm.
- ✂ Para la parte superior y de la solapa, necesitamos una pieza de la otra tela exterior que hayas elegido de un tamaño de 32 x 25 cm.
- ✂ Por último tienes que cortar una pieza de forro y otra de estabilizador de 32 x 50 cm.

CONFECCIÓN

1. Comenzamos uniendo la pieza de la tela exterior que va en la parte trasera (32 x 27 cm) y la pieza de tela de la parte superior y solapa (32 x 25 cm). Las vas a unir por el lado que mide 32 cm, alinea bien las dos piezas de tela y cose con costura recta y un margen de 1 cm.

2. Ahora ha llegado el momento de formar los distintos sándwiches que forman el maletín, todos se hacen de la misma manera, solo que con sus respectivas piezas.

En concreto, tienes que preparar:

— base y laterales: con las 3 piezas que miden 82 por 14 cm

— frontal: con las dos piezas que miden 32 por 26 cm

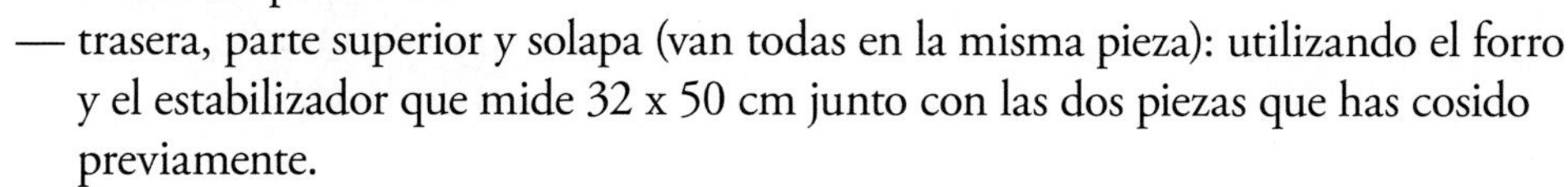

— trasera, parte superior y solapa (van todas en la misma pieza): utilizando el forro y el estabilizador que mide 32 x 50 cm junto con las dos piezas que has cosido previamente.

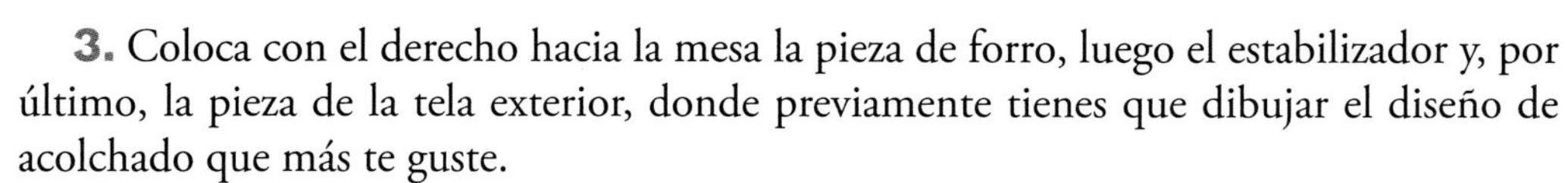

3. Coloca con el derecho hacia la mesa la pieza de forro, luego el estabilizador y, por último, la pieza de la tela exterior, donde previamente tienes que dibujar el diseño de acolchado que más te guste.

Sujeta las piezas entre sí bien con pinzas todo alrededor o bien con pegamento temporal en *spray* (esta última opción es muy cómoda y práctica).

Realiza el acolchado utilizando una puntada recta de unos 3,5 mm de largo con hilos al tono de las telas empleadas en bobina y canilla. Yo he acolchado todo el trabajo con líneas paralelas a 3 cm unas de otras y en la solapa con líneas diagonales a 45 grados del borde de la tela, también a una distancia de 3 cm unas de otras, para formar rombos.

Por último cose alrededor de las tres piezas una costura en zigzag, que nos va a servir para reducir el volumen del estabilizador y así trabajar posteriormente con más comodidad.

En la pieza que corresponde a la solapa, redondea las dos esquinas con la ayuda de una regla al efecto o de algún objeto redondo.

4. Toma la cinta de bies y recubre con ella el borde que mide 32 cm, que corresponde a la pieza que va en el frontal del maletín (ten en cuenta si la tela tiene sentido). Tienes que hacer lo mismo con los lados que miden 14 cm en la pieza de la base y el lateral.

Ahora ha llegado el momento de unir las piezas entre sí para formar el maletín.

5. Comienza uniendo la pieza delantera (la que es más pequeña) a la pieza que corresponde a la base y a los laterales. Comienza buscando el centro de ambas piezas y, a partir de ese punto, sujeta los bordes de las piezas con pinzas para que no se muevan. Asegúrate de que están correctamente asentados los bordes y que el final de ambas piezas (donde está la cinta de bies) coincide perfectamente. Cose alrededor con puntada de zigzag para unir las piezas.

6. Vamos a colocar ahora la pieza más grande, que es la de la parte trasera, superior

y solapa. Colócala del mismo modo, comenzando por el centro de las piezas. Sujeta con pinzas y luego cose con un zigzag a máquina.
Ya tenemos el maletín prácticamente terminado. Solo nos queda rematar los bordes de las costuras, para ello tomamos de nuevo la cinta de bies y la colocamos todo alrededor.

7. Alinea el borde de la cinta con el borde de las costuras a cubrir, hazlo desde las piezas delantera y trasera, para que así la parte que hay que coser a mano se realice en los laterales y se aprecien menos las puntadas.

Dobla correctamente la cinta en las esquinas para tener un buen acabado y remata bien el inicio y el final de la cinta.

8. Coloca el cierre que vayas a utilizar, primero sobre la solapa centrándolo a la medida que nos guste, y sobre la parte frontal colocamos la otra pieza del cierre, asegurándonos de que están en su posición correcta.

9. Por último, coloca sobre la solapa algún detalle que te guste. Yo he cortado un círculo de fieltro de 9 cm de diámetro con la ayuda de las tijeras que cortan en zigzag, después he hecho un yoyó con un círculo de la tela principal del trabajo de 13 cm de diámetro, cosido una pieza sobre otra y, en el centro, un botón decorativo.

Ahora solo nos queda llenarlo de cosas que nos vuelvan a generar recuerdos bonitos.

Handmade
BOBBI BROWN
KIKO

NECESER

Recuerdo perfectamente mi primer neceser, me lo trajeron los Reyes, era de un tamaño pequeño con una tela estampada en vichy rojo, y en su interior había un cacao rojo con sabor a fresa y una pequeña muñeca estampada, una colonia y un cepillo del pelo.

¡¡¡No me lo podía creer!!! Estaba feliz sintiéndome mayor.

Desde entonces los neceseres, las cremas y el maquillaje se fueron incorporando en mi vida. ¡Cómo me gustan estas cosas! Aunque he de reconocer que no he sido nunca de maquillarme mucho, me encantan esos estuches y botes tan bonitos, las brochas y los colores.

Un neceser es, sin duda, el complemento que a todas nos viene bien y sin el que no podemos estar. Además nunca tenemos bastantes, siempre hay cosas que guardar en su interior.

Este neceser es todo un capricho lleno de pequeños detalles que lo van a hacer único, pero no por ello va a ser difícil realizarlo.

Comenzamos…

MATERIALES QUE VAS A NECESITAR

- dos telas que combinen entre sí para la parte exterior
- una tercera tela para el forro
- un bastidor para cremalleras de 13 cm de ancho y 5 cm de alto (si vas a utilizar otro tamaño deberás adaptar las medidas del patrón)
- una cremallera «japonesa» o decorativa de 35 cm de largo (va a sobrar, pero así la colocamos con comodidad)
- para dar cuerpo o estabilidad al proyecto utilizaremos guata de algodón o *foam* (en este último caso te va a quedar un poquito más rígido)
- para la decoración de la parte exterior vamos a utilizar un botón (pero puedes sustituirlo por cualquier otro adorno que te guste)
- cinta decorativa (unos 80 cm) al tono de las telas exteriores.

PATRÓN

Solo vas a necesitar dibujar un cuadrado de 2,5 x 2,5 cm y redondearlo por dos de sus lados. Esta pieza es para el remate de la cremallera.

PIEZAS QUE HAY QUE CORTAR

✂ Dos piezas de 11 x 36 cm de una de las dos telas que hayas elegido para el exterior. Estas dos piezas son las que van en el lateral del trabajo.
✂ Una pieza de 11 x 36 cm de otra de las telas exteriores. Será la que va en la parte central del neceser.
✂ Dos piezas de 29 x 19 cm para el forro.
✂ Una pieza de guata o estabilizador (depende de lo rígida que quieras la terminación final) de 29 x 36 cm.
✂ Cuatro piezas de 5 x 5 cm para la terminación de la cremallera.

CONFECCIÓN

1. Comenzamos preparando la parte exterior. Para ello tomamos las tres piezas de 11 x 36 cm y las vamos a unir entre sí.

Alineamos la pieza central, por uno de sus lados largos, con una de las tiras laterales. Sujeta las piezas con alfileres —siempre en sentido perpendicular a la costura— para que no se muevan cuando las cosas a máquina. A continuación, darás un pespunte con un margen de 1 cm.

Realiza el mismo trabajo con el otro lado de la pieza central.

Fíjate en si las telas laterales tienen un dibujo o estampado con un sentido concreto, porque debes colocarlas de la misma forma en ambos lados.

Cuando hayas unido las tres piezas entre sí, plancha las costuras abriéndolas.

2. A continuación, toma las cintas decorativas que hayas elegidas y cóselas justo encima de las dos costuras que acabamos de realizar. Te recomiendo que, antes de dar el pespunte a la máquina, sujetes la cinta decorativa a la tela con un hilván, así no se moverá de su sitio mientras realizas la costura.

3. Toma ahora la pieza de estabilizador o guata de 29 x 36 cm.

Para trabajar con comodidad vamos a unir ambas piezas (estabilizador y telas exteriores) con pegamento en *spray* temporal —si no dispones de este material te recomiendo que sujetes las piezas con alfileres o con un hilván—, ya que es importante que permanezcan unidas en el siguiente paso.

4. A continuación, vamos a doblar la pieza a la mitad, dejando la parte exterior hacia dentro y el estabilizador hacia fuera. Asegúrate de que los bordes estén bien alineados

para que el acabado sea perfecto y sujeta los dos laterales con clips o pinzas para que no se muevan.

Cose cada uno de los lados con un margen de 1 cm.

Una vez que hayas dado el pespunte corta el exceso de estabilizador, justo al borde de la costura, con la ayuda de una tijera pequeña. Ten cuidado de no cortar la tela principal.

Ahora vamos a preparar la base del neceser.

5. Para ello dibujaremos en ambas esquinas (por la parte que está cerrada, que es la que va a ser la base del neceser) un cuadrado de 3 cm de lado, pero dibujado a partir de la costura y alineado con la base (por donde está doblada la tela). Y justo vamos a cortar ese cuadrado en ambas esquinas.

Una vez que lo hayas cortado tienes que doblar la esquina de manera que la costura del lateral coincida con el doblez que has hecho al principio. Alinea los bordes de la tela (por donde has cortado el cuadrado), los sujetas con pinzas o alfileres, y realizas un pespunte con un margen de 1 cm. Corta el exceso de estabilizador justo al borde de la costura.

Esta pieza ya la hemos terminado y la reservaremos para continuar más adelante.

6. Toma las dos piezas de forro y colócalas derecho con derecho, dejando hacia fuera el revés de las telas. Realiza las siguientes costuras con un margen de 1 cm. En primer lugar, los dos lados de 19 cm y, a continuación, uno de los lados de 29cm, aunque no lo coseremos completamente, porque en la mitad tenemos que dejar un espacio sin coser de aproximadamente 7 cm que utilizaremos más tarde para voltear las piezas.

7. Prepararemos las esquinas del mismo modo que hemos hecho en la parte exterior, solo que en esta ocasión dibujamos un cuadrado de 4 x 4 cm justo al borde de la tela, sin tener en cuenta las costuras, como hicimos en la parte exterior.

8. A continuación, uniremos la parte exterior con el forro. Para ello vamos a introducir el forro dentro de la parte exterior, poniendo derecho con derecho, y alineamos todo el contorno de ambas piezas —deben coincidir perfectamente, pues tienen el mismo tamaño—.

Para que te sea más fácil comienza haciendo coincidir las costuras de los laterales y, a continuación, al estirar ambas piezas se colocará sin problema. Sujétalo todo con pinzas alrededor para que no se mueva y da un pespunte a máquina por todo el contorno con un margen de 1 cm.

Antes de darle la vuelta recorta, justo al borde de la costura que acabas de dar, el exceso de guata para que así no abulte.

9. Con la pieza ya volteada vamos a ajustar y acomodar el borde de unión del forro y de la parte exterior para que quede bien asentado. Sujétalo con la ayuda de unos alfileres.

A continuación tenemos que crear el espacio donde va a ir el bastidor metálico que sirve para dar forma al neceser. Para ello daremos un pespunte a máquina, todo alrededor, a una distancia de 1,5 cm del borde de la tela.

10. Vamos ahora a cerrar la abertura que habíamos dejado en el interior del forro y que nos había servido para dar la vuelta al trabajo. Para ello dobla hacia el interior los bordes de la tela de la abertura alineádolos con la costura que ya has dado. Lo puedes coser a máquina con un pespunte muy pegado al borde de la tela o bien a puntada escondida.

11. Por último, y antes de colocar el bastidor, vamos a colocar la cremallera. Para ello la vamos a abrir y la sujetaremos, con pinzas, muy pegada al borde de la parte exterior del neceser y centrada.

Te tiene que quedar a ambos lados un exceso, procura que sea la misma medida en los dos extremos, que luego remataremos, y que sirve para abrir y cerrar el neceser con más comodidad.

Para coser la cremallera tienes dos opciones. La primera es dar una costura a máquina con hilo al tono utilizando el prensatelas específico para colocar cremalleras. La segunda opción es colocarla a mano aprovechando los pequeños orificios que tiene en el borde, de esta manera daremos pequeñas puntadas creando estrellitas a lo largo de toda la cremallera.

Estas puntadas te recomiendo que las des con un hilo para bordar tipo *mouline* y sin traspasar al interior del neceser, es decir, que no se vean por el lado del forro.

12. Ahora vamos a preparar los remates que lleva la cremallera en sus dos extremos. Lo primero que hacemos es cortar (en su caso) el sobrante de la cremallera, dejando un exceso a cada lado de unos 4 o 5 cm.

A continuación cortamos la pieza que sirve de remate. Tomamos las cuatro piezas cuadradas de 5 cm de lado y pasamos sobre el revés de dos de ellas el patrón del remate de la cremallera.

Colocamos derecho con derecho, sujetando con un alfiler para que no se mueva, y cosemos por encima de la marca que hemos hecho antes en tres de sus lados, incluyendo el lado donde has redondeado dos esquinas. Dejamos sin coser el lado que es completamente recto pues por ahí introduciremos la cremallera.

Ajusta el exceso de tela una vez realizada la costura dejando algo menos de 1 cm todo alrededor, y dale la vuelta a las piezas.

Dobla hacia el interior el lado que ha quedado abierto, hasta que la pieza tenga un tamaño de 2,5 x 2,5 cm. Introduce el extremo de las cremalleras en estas piezas y cose a mano con hilo al tono.

13. Adorna uno de los lados con un yoyó y un botón o cualquier otro adorno que te guste, como puede ser un lazo o unas flores pequeñas.

Por último, coloca el bastidor, para ello descose con cuidado las dos costuras laterales en la parte superior para así crear una abertura por donde introducir las piezas metálicas.

Llena el neceser de ilusiones y deseos bonitos...

Handmade
with love

ORGANIZADOR DE ESCRITORIO

Cuando era niña tenía una habitación muy pequeña, aunque era una privilegiada porque tenía una habitación para mí sola. En ella tenía un escritorio que me acompañó fielmente durante toda mi vida académica, desde el colegio hasta la universidad. Era un mueble que tenía una puerta abatible que hacía las veces de mesa. Así, cuando no lo necesitaba, se podía cerrar y tenía más sitio en mi habitación.

Al abrirlo, en su fondo tenía dos baldas que me permitían tener todas mis cosas ordenadas; me encantaba —y me sigue encantando— el material de papelería. Su olor tan especial, la ilusión de estrenarlo junto con la pena por empezar a usarlo, y saber que en poco tiempo ya no lo tendría porque se habría agotado.

Tanto me gustaba el orden que mi abuelo, que era ebanista, me hizo un pequeño mueble a medida lleno de cajones para que lo tuviera todo localizado. Casi 40 años después esa cajonera sigue conmigo, trayéndome a la memoria una época llena de ilusiones, proyectos e inquietudes.

Comenzamos…

MATERIALES QUE VAS A NECESITAR

- dos telas que combinen entre sí
- estabilizador o *foam* de entre 3 a 5 mm de grosor
- botones u otros elementos decorativos.

PATRÓN

Vamos a realizar dos modelos diferentes, pero ambos parten de una pieza cuadrada.

PIEZAS QUE HAY QUE CORTAR

- ✂ Un cuadrado de la tela exterior de 38 x 38 cm (las medidas ya incluyen un margen de costura de 1 cm)
- ✂ Un cuadrado de la tela interior de 38 x 38 cm
- ✂ Un cuadrado de estabilizador de 38 x 38 cm.

CONFECCIÓN

El primer paso que vamos a realizar es el mismo para los dos modelos.

1. Formamos un sándwich compuesto por las tres piezas colocándolas de la siguiente manera: en primer lugar, el estabilizador; a continuación, la tela exterior con el revés hacia el estabilizador y el derecho hacia arriba; y, por último, la tela interior derecho con derecho y el revés hacia arriba.

Alinea perfectamente las tres telas y sujétalas con pinzas o alfileres —en este caso, en sentido perpendicular al borde de la tela—, y cose todo alrededor con un margen de 1 cm, con la excepción de un espacio en el centro de uno de los lados de unos 8 o 10 cm que dejarás sin coser para luego poder darle la vuelta al trabajo.

Corta todo el exceso de estabilizador al borde de la costura, ten cuidado de no cortar la tela principal. Ajusta también el exceso de tela de las esquinas para que al dar la vuelta no queden abultadas.

Dale la vuelta a la pieza y alinea los bordes de la tela en la zona que has dejado sin coser, sujeta con pinzas o alfileres y cose a puntada escondida.

Para que quede el trabajo más asentado y mejor terminado deberás realizar una costura todo alrededor con hilos al tono de las telas utilizadas con un margen de 1 cm.

MODELO 1

2. Realiza una marca con un rotulador o bolígrafo que luego puedas borrar a 8 cm de cada una de las esquinas. Tienes que realizar un total de 8 marcas.

Estas marcas nos sirven para trazar una serie de líneas por las que luego coseremos la base y nos permitirán formar el cubo organizador.

Si te fijas al lado de cada esquina tienes dos marcas, una a derecha y otra a la izquierda. Por otro lado, en la esquina que está en diagonal sucede exactamente lo mismo.

Pues bien, tienes que unir la marca a la derecha de cada esquina con la marca que está a la derecha de la esquina opuesta. Del mismo modo une las marcas que están al lado izquierdo.

Traza un total de 4 líneas, dos en cada diagonal del cuadrado uniendo los puntos que habíamos marcado antes.

3. Al hacerlo, en el centro del cuadrado de tela se habrá formado un cuadrado mucho más pequeño con las líneas que has trazado. Justo por la marca de este cuadrado dibujado da un pespunte con hilos al tono y así formarás la base del cubo organizador.

4. Toma ahora los dos puntos que hemos marcado situados en el mismo lado y júntalos, dejando la tela exterior hacia fuera, verás que automáticamente se va a doblar la tela hasta uno de los vértices del cuadrado que has cosido.

5. Sujeta los bordes de la tela y realiza una costura recta desde esta marca hasta el vértice del cuadrado de la base. Tendrás dibujada una línea recta que te indicará por dónde coser.

Realiza este paso en las cuatro esquinas.

Verás que se han formado el cubo y cuatro compartimentos pequeños en las esquinas.

6. Ahora solo queda que dobles hacia afuera los triángulos que se te habrán formado en los lados. Alinéalos correctamente. Dales unas puntadas para que queden en esta posición y agrega algún detalle decorativo. Yo he realizado unos pequeños yoyós partiendo de un círculo de 5 cm de diámetro y he cosido un botón en el centro.

MODELO 2

2. Para este modelo has de realizar, a 12 cm de cada una de las esquinas, una marca. En total son ocho las marcas que tienes que hacer.

En esta ocasión, para unirlas, te tienes que fijar en los lados en lugar de en las esquinas. En cada lado tienes una marca a la derecha y otra a la izquierda. Las tienes que unir con la ayuda de una regla, y un marcador que luego puedas borrar, con las marcas que están en la misma posición en el lado opuesto. Vas a realizar un total de 4 líneas.

3. Del mismo modo que en el modelo anterior, se habrá formado un cuadrado en el centro de la pieza de tela. Da un pespunte con hilos al tono de las telas todo alrededor.

En este caso, los puntos que tenemos que unir para formar el cubo son los que se encuentran al lado de cada esquina, el que está a la derecha con el que se encuentra a la izquierda. Únelos dejando la tela exterior hacia afuera. Sujeta bien la pieza y cose desde el vértice del cuadrado de la base hasta el borde de la tela (tendrás marcada una línea recta que hemos hecho antes). Repite este paso en las cuatro esquinas.

4. Ya habrás formado el cubo organizador, pero los compartimentos exteriores tendrán un «pico» hacia afuera. Dóblalos acomodando la tela.

Si quieres, decora el cubo cosiendo algún detalle decorativo en el centro de cada uno de los lados. Yo he cosido un yoyó que he realizado a partir de un círculo de 5 cm con un botón en el centro.

ORGANIZADOR DE ESCRITORIO

Descubre todos los detalles de esta labor y asegúrate de que te queda perfecta

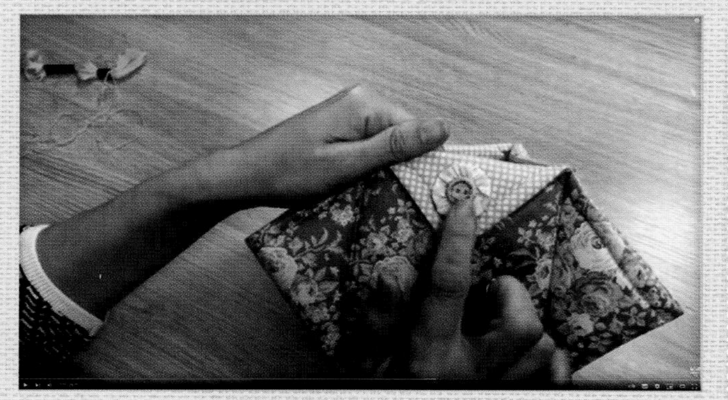

https://youtu.be/GBGm7rl0MOA

Epílogo

De mi abuelo no solo aprendí que con las manos se podía hacer magia, crear de la nada, transformar humildes materias primas en trabajos únicos y excepcionales, sino que me transmitió muchas otras enseñanzas válidas para cualquier ámbito de la vida.

Siempre me decía que antes de hacer nada pensara, que pensara bien cómo lo iba a hacer, lo que iba a necesitar, las posibles dificultades que podría encontrar, y que no tuviera prisa en esta fase, porque todo ese tiempo, que podría parecer mal empleado, luego se ganaba cuando nos disponíamos a realizar cualquier trabajo con las manos.

Me transmitió el gusto por la excelencia, por lo bien hecho, por trabajar sin prisas, por cuidar los detalles... ya que al final, cuando has hecho algo con tus propias manos, todo el mundo va a admirar tu obra, sea del tipo que sea, por su calidad, pero nadie se va a fijar en si tardaste más o menos.

Hoy soy yo la que te invito a ti a probar, a dar rienda suelta a tu creatividad, a descubrir la magia que estoy segura que tus manos también albergan.

No te importe coser y descoser casi por partes iguales, piensa que así se aprende, y que antes de ser maestro hay que ser aprendiz.

No te desanimes si las cosas no salen a la primera, todo es un proceso, y lo que hay que hacer es disfrutar de cada uno de los pasos que damos camino hacia el resultado final.

No tengas prisa en ver el fruto de tu trabajo, a veces todo parece rápido y sencillo, pero hay días que no son así. No pasa nada, continúa intentándolo.

Llena tu vida de recuerdos y de emociones. Así surge la magia.